U0686633

爱的教育

构建和谐校园与家庭之路探析

陈爱河　白凤林　著

经济日报出版社

北京

图书在版编目（CIP）数据

爱的教育：构建和谐校园与家庭之路探析 / 陈爱河，

白凤林著 . -- 北京：经济日报出版社，2025.6

ISBN 978-7-5196-1572-7

Ⅰ . G459-53

中国国家版本馆 CIP 数据核字第 202537NU34 号

爱的教育：构建和谐校园与家庭之路探析

AI DE JIAOYU GOUJIAN HEXIE XIAOYUAN YU JIATING ZHILU TANXI

陈爱河　　白凤林　　著

出版发行：*经济日报* 出版社

地　　　址：北京市西城区白纸坊东街 2 号院 6 号楼

邮　　　编：100054

经　　　销：全国各地新华书店

印　　　刷：武汉怡皓佳印务有限公司

开　　　本：710 mm × 1000 mm　1/16

印　　　张：14

字　　　数：205 千字

版　　　次：2025 年 6 月第 1 版

印　　　次：2025 年 6 月第 1 次

定　　　价：72.00 元

本社网址：www. edpbook. com. cn，微信公众号：经济日报出版社

请选用正版图书，采购、销售盗版图书属违法行为

版权专有，盗版必究。本社法律顾问：北京天驰君泰律师事务所，张杰律师

举报信箱：zhangjie@tiantailaw.com　　　举报电话：（010）63567684

本书如有印装质量问题，由我社事业发展中心负责调换，联系电话：（010）63538621

爱，作为教育的目标与方法

荣光启

去年底，《今古传奇》杂志的总编杨如风先生转来《爱的教育——构建和谐校园与家庭之路探析》这部书稿，我断断续续读完，非常受益。此著两位作者，都是在小学一线工作的老师，他们有丰富的教学经验，他们有教育学、心理学多方面的专业知识。教学经验和专业知识的结合，加上他们对学生的责任心、爱心，这些使他们在小学教育方面取得了非常突出的成绩。这本书非常有针对性，有实用价值，书中有许多的真实的案例，比如，如何对待孩子的抑郁、孩子在学习中的各种坏习惯、校园霸凌现象、孩子沉迷网络游戏等等。我非常感叹，这本书我应该早读到就好了。如果我早读了这本书，也许我的孩子就有一个不一样的小学生活。我想，许多的读者应该和我一样，读了这本书之后会重新思考教育的目标、方式以及作为父母的责任和方法。

我也回想起我的小学时代。我是 1980 年代初上的小学。我家是彻底的农村，非常的贫困，我的父母非常希望我们兄弟三个能够成材，也就是努力读书、考上好学校，找到工作、有铁饭碗。我是长子，父亲对我寄予了极大的期望。他的目标非常明确：自己累死累活，也决不让孩子干活，而是让他们好好读书、读出功名、出人头地。但是他没有合宜的方法。在我学习成绩不好的时候，或者在学校表现糟糕的时候，我常常遭受他的打骂。我曾经和我的女儿说爷爷过去如何打爸爸打到怎样的程度，女儿都哈哈大笑，她觉得那是说着玩的。

我在小学四年级上学期的期末，父亲问我期末考试数学考试有多少分？我想了一下，试卷上的题目我都做了，无论怎样，80分应该有吧（满分100）。到了散学典礼那天，我去学校拿成绩单，我的小学离我的村庄非常近，我没有想到我的父亲已经提前去学校找老师拿到了试卷。当我回到家，我的父亲再一次问我，你的数学考了多少分？我战战兢兢，撒了谎，说80分。话音未落，我的父亲直接拎起我，将我扔出了家门。那时我非常瘦弱，我的小身板真的被父亲拎起来飞出了家门。门口，是一个池塘，池塘到大门之间至少有10米，池塘边还长了两棵小枣树。我清晰的记得我飞过了那两棵小枣树，落在冬天的池塘里。池塘里的鸭子惊慌地四散逃开，而我也从池塘里仓皇爬上来。虽然这个事件后来成就了我的一个小说，但时至今日，那些场景都是我的梦魇。直到今天，虽然很多时候我努力地温柔地对待我的女儿，但偶尔还是有情绪爆发的地方。我觉得这种爆发来自于童年我父亲粗暴的教育我的方式。现在虽然我已经在大学当老师，应该说，父亲的目标实现了，我很感谢他，我也能理解过去极度贫困的生活中那种艰难，我对父亲所作的一切多的是感激，感激他成就了今天的我；我也能理解父亲的坏脾气，我早已原谅他，但是，我还是感到一些遗憾。由于父亲对我的教育，并不是那种充满爱的方式，在成长的过程当中，我体会不到父母与孩子之间的那种亲昵感。成人以后，这种亲昵感是难以恢复的，我一直觉得我和父亲之间隔着什么。在我的家庭当中，我的妻子从小成长的环境就完全不同。她和她的父母之间有这种亲昵感。她遇到大事小事都会打电话给父母，而我小事肯定不会告诉父母，大事就更不会告诉父母。其实儿女经常主动和父母交谈，并不是需要父母的帮助或者试图给父母什么帮助，而是孩子和父母的亲密关系的反应。我很羡慕我的妻子。

这本书的名字叫做《爱的教育》。"爱的教育"，这四个字是多么的重要啊。在我看来，它有两重意思。第一是关于教育的目标。教育的目标是培养人，是什么样的人呢？不是工具化、机械化的人，而是有品格的人。这个品格里边应该有爱、有责任心、有担当，是真正的爱真理、热爱生命、爱他人……这样的人；第二是关于教育的方法。谁是教育者？学校的老师是，家庭中的父母也是。无论是老师和父母，都应该从"爱"这个源头流淌出教书育人的智慧与方法。

　　"爱"是一个内涵复杂的词，今天很多人差不多将"爱"简化成了我喜欢、爱情、亲情，除此之外，无"爱"。英国作家、文学批评家C.S. 路易斯（1898～1963）有一本很有名的书，叫《四种爱》，书中他说到爱可分为四种类型：亲情（Storge）、友情（Philia）、爱情（Eros）和神圣之爱、上帝之爱（Agape），中国文化中有圣人的"仁爱"、也有侠义之士为着兄弟情谊可以为对方赴死的爱。许多"爱"，都远远超越了个人私利。爱，若不是无私，就不叫爱了，只能叫利益交换，不同的就是这种交换的意味的程度是否明显。教育正是从这样的"爱"发出的。这种"爱"基于一个人前提——人是目的。对人，就应当爱，而不是利用。为了爱一个人，我们要付出所有。也唯有在这样的教育中，被教育的人才能正在成为"人"，有美德之人。

　　这本书非常宝贵的地方，在于作者讲的很多案例，比如小学生的诸多问题，而这些问题的源头往往是与家庭有关、与父母有关。为了帮助这些孩子，学校的老师通常是先联系父母、了解家庭的状况，和父母一起，来做拯救的工作。我想在我的成长经历当中，我的父母是希望我变得更好，这也是一种爱，但是，他们的教育方法是缺乏爱心和忍耐的、也是缺乏智慧的。我想如果我的父母有这本书中的智慧与方法，该有多好。如果我的小学有陈爱河、白凤林这样的老师，该有多好。

　　我觉得这两位老师他们的教育是从无私的爱发出的，很多的事情他们首先是考虑学生的感受。书中有一个地方讲到学校老师的"报成绩"——"假如一个孩子考试成绩一直不好，总是在及格线边缘徘徊，那么这个孩子对老师报成绩这件事就会感到极度不安。如果老师每次都要报成绩，那么这个孩子考试之前就会着急，担心自己会考得不好。考完试后又害怕老师念到成绩等等。对于成绩不理想的孩子来说，每次报成绩都像是一场噩梦。他们害怕被同学嘲笑，害怕让家长失望，这种焦虑可能会影响他们的学习态度和心理健康。老师应该谨慎选择报成绩的方式，全方位地考虑每一个孩子的感受，避免给他们带来过大的压力。"我想起在我女儿所读的学校所发生的一件事情。那个学校非常强调每个月的成绩、期中考试成绩、期末考试成绩……每次这样的大考成绩出来之后，学校都会制作PPT：本次考试总分前几名是哪些同学、各科第一名第二名第三名有哪些、哪些同学进步最快……各种奖项。然后这个PPT出来之后，就发到家长群。家长看到之后，就会跟帖。无一例外，所有的帖子都会这样说"向优秀的同学学习！"我觉得这样的跟帖是有问题的。那些这一次考的不好的同学就不优秀吗？什么是优秀？难道比优秀更重要的不是努力吗？一个人对于学习、求知的认真与努力，才是最重要的品格吧。他也许这一次的考试没有考好，难道因为这一次没有考好，就得不到应有的鼓励和安慰吗？所以我就没有那样跟帖，我认真的回复了一句"向所有为这一次的考试而努力的同学致敬！"结果这个群沉默了三秒钟，然后，然后依旧是"向优秀的同学学习！"

我们的家长就是这样，以"成绩"（分数）来评价自己的孩子。孩子也陷在这样的焦虑与怀疑当中。人是整全性的人。人是丰富的。人本身就是目的。人不应该成为获取哪些成绩的工具。人最重要的是要有美好的品格，这才是教育的目标。我看到这两位老师对于"报成绩"的事情的处理，我觉得他们的方法非常棒，学生也会从中受益。

两位老师不仅有爱心，而且有丰富的对待具体问题的专业方法。在书中，有关于孩子抑郁的问题的分析。作者在很多地方有心理学的专业知识，作者谈到，"在当今社会，儿童的心理健康问题日益受到关注。儿童时期是个体心理发展的关键阶段，良好的家庭教育对儿童的身心健康至关重要。其中，儿童抑郁倾向作为一个较为突出的问题，其产生的原因复杂多样。家庭环境中的负强化现象在儿童抑郁倾向的形成中起着重要作用。"儿童抑郁在学校中表现出来，但其根源可能在家庭环境。作者从"负强化的概念与行为主义心理学视角"，说到我们许多家庭中常见的状况："在家庭中，负强化现象较为普遍，但往往不被人们所充分认识。例如，有些家庭中的监护人，尤其是母亲，常常苦着一张脸，给家庭带来一种压抑的氛围。这种家长的脸色对于孩子来说就是一种厌恶刺激。当孩子取得好成绩、有良好表现或做了其他值得肯定的事情时，家长才会露出笑脸或态度稍微温和一些，这实际上就是一种负强化的手段。在家庭生活中，这种负强化的场情并不少见。比如，孩子在完成作业的过程中，如果出现错误，家长可能会表现出不满或批评的态度；而当孩子高质量地完成作业时，家长则会给予肯定和鼓励。这种对孩子行为的反馈方式，在一定程度上体现了负强化的作用。此外，家长在日常生活中对孩子的各种要求也可能成为负强化的表现。比如，家长要求孩子在一定时间内完成某项任务，如果孩子没有按时完成，就会受到批评或惩罚；而当孩子按时完成任务时，家长就会撤销这种惩罚，这也是负强化的一种形式。"作者给出的方法，我觉得既是经验性的，也是有一定科学性的。

读这本书，很多地方都让我非常受益。比如，我的孩子也是一个做事特别磨叽的人，很多时候，她让我非常着急。作者对此有很专业的分析："1. 早期行为模式解析。孩子做事磨蹭，多是按照特定标准进行，看似不标准的动作实则有程序、有套路。如刷牙时有多套动作，每套动作包含多个程序。这种做事方式源于孩子早年所受的训练，进而在做作业及其他事务中也表现出磨叽的特点。2. 强迫性行为之幼年发端。许多小孩在一岁多两岁时，诸如穿衣服、撒尿、放拖鞋等日常小事都被严格要求。三岁前的孩子不宜进行精细动作，若强行要求，便会演变为强迫性动作。所谓的磨叽，实际上是强迫性行为在幼年时期的早期发作。幼时磨蹭的孩子，成年后做事也会拖沓，呈现出一种强迫型行为模式，做事程序复杂，犹如宗教仪式一般，例如吃饭时必须遵循一套特定流程。3. 学龄前教育方式之反思。在学龄前 0 到 3 岁，尤其是两岁前后，让孩子做事遵循四五个程序，这会导致孩子在 3 到 6 岁时看似认真，实则是磨叽。严格要求孩子的监护人往往不懂教育的真谛，在让孩子做事时忘记了时间因素，教育孩子时也未将时间概念融入其中。孩子在受教育过程中没有形成时间观念，以至于到七八岁时依旧缺乏时间概念。同时，学龄前儿童适合一次性教育，比如，放置一个东西，妥善摆放即可，不应要求其摆放得左右对称、上下对称。然而，许多家长在孩子小时候教育不当，致使孩子长大后出门变得极其烦琐，女生出门可能需要两小时。"作者对此给出的一些方法，也让我深有同感，比如其中一项："摒弃苛刻要求，营造宽松氛围。家长在教育孩子时，要坚决摒弃过于苛刻的要求。避免让孩子在做事时被过多的程序和要求所累，应采用粗放式教育方式，为孩子创造轻松自由的成长环境。例如，在孩子整理物品时，不必要求其摆放得完全对称，只要整齐即可。"我们的父母总是以自己的标准来要求孩子，我们总是希望孩子实现我们的标准。而正确的情况可能是，我们需要在爱的教育中使孩子成为他自己。

陈爱河、白凤林二位作者，是值得我尊敬的在小学一线任教的老师，他们为孩子们的成长付出了艰辛的劳动和所有的心血，他们的著作让我很有收获，再一次感谢他们！

（作者为武汉大学文学院教授、博士生导师，诗评家）

目录

第一章

桃香校园创新篇

党建引领育桃枝

浅谈如何践行社会主义核心价值观

陈爱河

党的十八大报告提出了富强、民主、文明、和谐，自由、平等、公正、法治，爱国、敬业、诚信、友善的社会主义核心价值观。这些价值理念，是中国人民在百年奋斗的历程中，历经上下求索形成的理想和信念，继承了中华民族的传统文化，吸收了世界文明的有益成果，体现了社会主义的本质要求，也体现了新时代的精神。

社会主义核心价值观是社会主义核心价值体系的内核，体现着社会主义核心价值体系的根本性质和基本特征，反映着社会主义核心价值体系的丰富内涵和实践要求，是社会主义核心价值体系的高度凝练和集中表达。它是我们坚定不移继续走中国特色社会主义道路的价值基础，也是我们坚定道路自信、理论自信、制度自信、文化自信，朝着"中国梦"不断奋进的力量源泉。

作为教育工作者，从思想上和行动上践行社会主义核心价值观，具有十分重要的意义。那么作为一名普通人民教师，要如何践行社会主义核心价值观呢？我认为必须从以下几个方面做起。

一、坚定信念，加强自身师德修养

教师是具有特殊重要意义的职业，从宏观上讲，教师对人类优秀文化起着承前启后的作用，为促进社会进步和国家兴旺，源源不断地培养人才。从微观上看，教师把自我知识结构进行整合，以言传身教的方式进行教学，在促进学生健康成长的同时也完善了自身素质。教师也是我们党的教育方针的践行者，为了贯彻我们党教育方针，实现教育目标，教师们必须具有更高的师德标准，并且不断加强自身的师德修养。

在当前市场经济环境下，作为一名教师，能否坚守教师的道德情操，坚守教育阵地，守护心灵的一方净土，守住平常心，献身党的教育事业，这是对我们教师的严峻考验。

二、爱岗敬业，热爱学生

教师的伟大之处在于，他们肩负着社会进步的使命，通过自己平凡的劳动成就他人的梦想，然而他们却是永远的幕后英雄。从这个意义上讲，教师要有高度的责任感。责任感能激发人的潜能，也能唤醒人的良知；有责任感的教师，才能全身心投入教育教学之中，而失去责任感的教师不仅丧失自身的发展机会，同时也必将在麻木中失去对教育的热忱。

教育是爱的艺术，没有爱就没有教育。教师只有爱学生，才会有工作的动力，才能使自己的教育教学行为充满艺术性和创造性。师爱应当是博大的，师爱绝不是只爱几个优等生。真正的师爱应该像我们学校制定的学生培养目标那样：培养尖子生，注重特长生，面向全体学生，把爱心倾注在每一个学生身上。

师爱应该是真诚的，不是喊在嘴上的口号，而应该体现在教师的一言一行之中，身体力行地教育学生求真知、说真话、做真人。师爱应该是严格要求的爱，溺爱不是爱，放任自流更不是爱。师爱应该严而有格、严而有度，使学生能得到最大限度的发展。

三、善于学习、完善自我

当今时代是一个飞速发展的时代，新的事物、新的理念、新的知识层出不穷。随着学生获取知识、信息的渠道的多样化，教师需要重新定位，以加强学习来促进自身发展，从而改变自己的工作和生活状态。因此，新时代教师要不断地丰富自己的知识，拓展自己的能力。只有这样，教师才能满足学生对知识的渴望。除此之外，教师还必须塑造自己的人格魅力。教师的人格魅力是一面旗帜，也是学生迈向人生之路的路标。教师的一言一行、一举一动、一思一想、一情一态都会清晰而准确地印在学生们的心间，这就是我们所讲的"无声路标"的示范性。教师必须有自己的个性，因为只有自己有个性，才能更好地尊重学生的个性。教师要拒绝平庸，要有区别于他人的个人特色和教学风格，教师之间不是求同存异，而应该求异存特，即人无我有，人有我精，人精我新。

四、以身作则，为人师表

学高为师，身正为范。教育具有以人格培养人格、以灵魂塑造灵魂的特点。教师的一言一行对学生的影响是巨大的，身教胜于言教，喊破嗓子不如做出样子。所以，加强师德建设对培养高素质学生、形成良好校风是至关重要的，是其他培养方式所不能代替的。教师通过自身思想素质的锤炼和道德情操的塑造，在学生中间起着表率作用，春风化雨般渗透到学生的灵魂深处，潜移默化地影响着一代又一代的学生，起到"随风潜入夜，润物细无声"的教育效果。

五、淡泊名利，志存高远

作为一名现代教师，要履行教书育人的责任，还有一项非常重要的任务——建设好自己的精神家园。即眼睛向内，超越自我，信守心灵的宁静。世上莫如人欲险，作为教师，更要有抵御外界各种诱惑的定力。一言一行都要遵循共同的准则，符合社会的利益；一定要韬光养晦、脚踏实地，不浮躁、不张狂、不攀比、不自以为是。

淡泊名利，宁静致远。这是教师追求的一种境界，做起来并不容易，需要修炼。实践证明，要成为一名优秀的教师，必须经过"十二修炼"：修炼自己的声音，让它引人入胜；修炼自己的语言，让它妙趣横生；修炼自己的眼睛，让它丰富传神；修炼自己的表情，让它神采飞扬；修炼自己的行动，让它规范专业；修炼自己的学识，让它思如泉涌；修炼自己的脾气，让它逗人喜爱；修炼自己的个性，让它鲜明唯美；修炼自己的心灵，让它平和美丽；修炼自己的气质，让它超凡脱俗；修炼自己的灵魂，让它崇高圣洁；修炼自己的人生，让它阳光幸福。作为教师，我们的职业不仅仅是谋生的手段，更是一项需要不断追求的事业，它促使我们变压力为动力，不断取得进步和发展，从而迈入更高的人生境界。

我们的事业关乎祖国的未来、民族的振兴。我们肩负着人民的重托、党和国家的期盼。为此，教师要信守社会主义核心价值观，以实际行动展现"学高为师，身正为范"，践行社会主义核心价值观，自尊自励，切实担负起发展教育事业、培养优秀人才、提高民族素质的历史重任，全面提高教育教学能力，加强师德修养，模范履行职业道德规范，爱岗敬业，以教师特有的人格魅力、学识魅力和卓有成效的工作业绩报效祖国。

总之，社会主义核心价值观在于每个社会成员的自觉担当、自觉行动。作为一名教育工作者，更有义务让爱国、敬业、诚信、友善渗透到每一天、每一刻的行为举止中。只要我们努力践行热爱祖国、爱岗敬业、诚实守信、友爱善良的价值追求，从自我做起，从身边做起，我们的生活一定会更加和谐幸福，我们的国家就一定会更加富强文明。

（发表于 2015 年 1 月 10 日《科学咨询》杂志）

厚植党建沃土　育得"桃花朵朵开"

——桃花源小学党支部党建品牌创建工作纪实

陈爱河

　　党建品牌创建是新时代推进党建工作的重要抓手，是推动学校高质量发展的有力举措。酉阳县桃花源小学校总结已有党建工作经验，结合新时期党建工作要求，积极探索、守正创新，制定工作方案，围绕学校办学目标、办学理念、党的建设等方面提炼和设计党建品牌，把党建工作与教育教学和思想政治工作有机融合。自此，"桃花朵朵开"党建品牌应运而生。

　　在推进党建品牌创建的过程中，酉阳县桃花源小学校始终牢记"为党育人、为国育才"神圣使命，按照"好品牌、好理念、好课程、好队伍、好生态"的工作思想，全面推行"三亮三晒三评"，构建"135"党建工作体系，打造"桃花朵朵开"党建品牌，让每位学生在校园里像桃花一样朵朵绽放，努力实现"做有精神的教师，办有智慧的教育，创有品位的学校，打造西部教育强县窗口示范小学"的办学愿景。

落实一条主线，党的领导全面加强

　　酉阳县桃花源小学校以落实"党建引领育桃花、德育无痕培桃根、质量为本启桃智、体育美育润桃心、劳动教育铸桃魂、全面发展盈桃果"为主线，全面贯彻党的教育方针，落实立德树人的根本任务，践行"桃花朵朵开"办学理念，创建基层党建示范点，打造新时代"红岩先锋"变革型组织，培养德智体美劳全面发展的社会主义建设者和接班人。

　　通过建立机制、完善制度，全面加强党对学校工作的领导。唱响"文明点亮桃小　礼仪浸润童心"市级德育品牌，常态化开展"红领巾争章"活动和"文明学生""文明班级""流动红旗"评比。深入贯彻《酉阳县教委教育教学质量提升十条措施》，以"双减"示范校为抓手，构建"三位一体"阅读教学体系，申报8项市级课题、14项县级课题，打造2堂国家级精品课。

开展三大行动，党建业务全面融合

抓住德育就抓住了学生，抓住课程就抓住了特色，抓住师资就抓住了发展。酉阳县桃花源小学校以"1+3+12"德育序列行动、"1+30+N"课程构建行动、"1+5+20"师资培养行动三大行动为载体，推动党建与教育教学全面融合，以党建引领教育教学高质量发展。

实施五项工程，党建质量全面提升

为突出党建品牌创建效果，酉阳县桃花源小学校党支部严格按照《中共重庆市教育工委关于实施重庆市中小学党建质量提升行动》总体要求，围绕"五项工程"重点任务，推动学校党的建设全面提质增效，引领教育事业内涵发展。

实施"双带头人"工程，把学校党支部书记培养成新时代学校党建和业务双融合、双促进的头雁力量。实施"双创建"工程，学校把党组织建成教育党员、团结师生的核心、攻坚克难的堡垒。实施"双培养"工程，学校把教学教研骨干教师培养成为党员，把党员教师培养成教学教研骨干，现有市级学科名师2人、市县骨干教师23人。实施"双强化"工程，学校强化师德师风建设和思想政治工作，通过"大思政"赛课活动、师德师风专题培训、警示教育等形式建设市级清廉学校。实施"双规范"工程，学校党支部亮身份、亮贡献、亮承诺，开展丰富多彩的主题党日活动。

2023年，是酉阳县桃花源小学校谱写学校高质量发展新篇章的奋进之年。在县委教育工委的领导下，学校党支部将以习近平新时代中国特色社会主义思想为指导，认真贯彻党的二十大精神，全面贯彻党的教育方针，推动党建工作与教育教学深度融合，以加快创建基层党建示范点、申报市级党建课题、打造市级"清廉学校"试点示范三项具体任务为抓手，唱响"桃花朵朵开"党建品牌，为建设西部教育强县作出更大贡献。

（发表于2023年6月16日《酉阳报》）

擦亮"桃花源"清廉品牌
打造西部教育强县窗口学校

陈爱河

武陵山下，酉城河畔，5A 级旅游景区桃花源对岸，坐落着一所美丽的校园——酉阳县桃花源小学。学校秉承"桃花朵朵开"的办学理念，以"桃文化"引领学校发展，致力于打造西部教育强县窗口学校。

2023 年 7 月，学校被确定为 20 所首批市级清廉学校试点示范学校之一，是酉阳县唯一一所上榜学校，其关于清廉学校建设相关做法，更是被市教委在全市进行重点推广。

桃花源小学在清廉学校建设上有何独特之处？一起走进校园，感受"清"风拂面、"廉"香满园。

深挖地域特色元素 塑造"桃花源"清廉品牌

廉洁文化是中华优秀传统文化的重要组成部分，对推动中国现代化发展有着重要意义。

为贯彻市、县对清廉学校建设的部署要求，桃花源小学站在全面从严治党、推动西部教育强县建设、办好人民满意的教育高度，围绕"123"工作思路，即编撰一部课程，培育两支队伍，开设三大平台，全力打造具有辨识度的"桃花源"清廉品牌。

学校深挖酉阳廉洁文化，强化顶层设计，创新构建"清廉＋制度""清廉＋文化""清廉＋课堂""清廉＋民生""清廉＋师资""5＋"清廉学校建设工作体系，为打造"桃花源"清廉品牌"赋智""赋形""赋效""赋感""赋力"。

厚植廉洁基因　激发"桃花源"清廉品牌育人活力

如何让中华传统廉洁文化在新时代闪耀育人光芒？桃花源小学把廉洁基因融入清廉学校建设血脉，渗透到学校文化中，体现在学校课堂中，根植于教师队伍中，多维"廉"动，激发"桃花源"清廉品牌育人活力。

以文育"廉"，用足用活文化资源。学校搜集整理 50 余个本土清廉人物故事，结合中华历史与党史，编纂成《桃花源小学清廉学校建设校本课程》，让清廉教育渗透学习日常；依托"陶翁亭"建筑，建设以"廉"为主题的特色文化广场，集中展示全面从严治党的重要论述、革命先辈的廉洁事迹，营造浓厚的廉洁文化氛围；利用楼道、大厅、走廊等，创建"清廉长廊""清廉教室"，处处彰显廉洁文化。

以课堂淬炼"廉"心，搭建多元育人平台。学校构建"思政＋清廉""德育＋清廉""家校＋清廉"三大课堂育人模式，开展思政教师赛课、德育系列化专题活动，举办"文明点亮桃小　礼仪浸润童心"市级德育品牌大讲堂及"讲清廉""写清廉""画清廉"等活动，引导学生从校内思政小课堂走向社会家校大课堂，推动廉洁教育入脑更入心。

清正教风树"廉"，多措立师德强师能。学校开展师德师风建设、优师强师计划，将清廉学校建设与教学工作、名师培养紧密结合，出台提升教育教学质量十条措施，开展岗前、岗中、暑期清廉教育，与全体教师签署廉洁从教承诺书，引导教师严守清廉底线，开展"集团赛课""朵朵杯"全员全科赛课,以赛促教全面提升教师教学能力。近年来,先后成功申报 20 项市县级课题,语文、数学、英语均获得市级现场赛课一等奖,培养市级学科名师 2 人,市县级骨干教师 32 人。

构建清廉教育生态　绘就学校高质量发展新蓝图

学校校风正、教师廉洁从教、学生崇尚廉洁的教育生态,是清廉学校建设的不懈追求。

清廉学校建设以来,学校形成了清廉思想、清廉文化、教风清正、学风清新的良好氛围。尤其是"清廉＋民生"通过治理教育乱象、加强招生入学监管、营养午餐"阳光化"等举措,切实增强学生家长的安全感、获得感和幸福感,对学校满意度不断提升。

清廉学校是一项系统工程,不能局限于单个领域。学校将开展"清廉学校"建设与学校高质量发展相结合,强设计、搭体系、重落实,不仅让清廉之风吹遍校园的每个角落,在学校高质量建设上也取得了不错成果。学校先后获得"全国'新时代　好少年'主题教育读书活动先进集体""重庆市'文明点亮桃小　礼仪浸润童心'德育品牌学校""重庆市教科研基地""重庆市基础教育校本教研示范学校"等荣誉称号。

清廉学校建设是一项长期工程,必须常抓不懈,久久为功。学校将继续深化清廉教育实践,探索更多创新路径,通过打造特色课程、树立德育品牌、盯紧风险领域等,让廉洁之花常开不败,向西部教育强县窗口学校迈进。

（发表于 2024 年 7 月 22 日《重庆日报》）

融合特色文化　促进学校发展的探究

陈爱河

摘要： 为了促进学生的全面发展，桃花源小学校用"桃文化"全面引领学校工作，围绕"桃花朵朵开"的办学理念，致力于学校特色文化建设，融"桃文化"于德、智、体、美、劳，培桃根、启桃智、润桃心、铸桃魂，面向全体学生，走教育特色发展之路，走教育回归本质之路。实践证明，在"桃文化"的引领下，我校的办学内涵不断丰富，办学特色不断彰显，办学品位不断提升。

关键词： 桃文化；培桃根；启桃智；润桃心；铸桃魂

校园文化是学校办学理念的集中体现，彰显着学校的办学特色与内涵，引领着学校的发展方向，是一所学校的灵魂所在。酉阳自治县桃花源小学校紧邻"桃花源"5A级风景区，始建于1950年，2007年更名为"桃花源小学校"。地方"桃文化"落地生根，氛围浓郁。我校依据地域文化和学校特色，把我校的文化定位为"桃文化"，挖掘出了"桃花朵朵开"的办学理念。学校以"桃文化"为统领，德育、教学等各项工作紧紧围绕"桃花朵朵开"展开，面向全体学生，走教育特色发展之路，走教育回归本质之路，促进学校内涵发展，促进学生全面发展，提高教育教学质量，努力培养德智体美劳全面发展的社会主义建设者和接班人，让每位学生在校园里快乐学习、健康成长，像桃花一样朵朵绽放。

一、融"桃文化"于德育，德育无痕培桃根

少年儿童是祖国的未来、民族的希望，是国家之根。中国必须"从娃娃抓起"，"必须培养一代又一代拥护中国共产党领导和我国社会主义制度、立志为中国特色社会主义事业奋斗终身的有用人才"。习近平总书记讲："培养什么人，是教育的首要问题。"可见，立德树人是学校教育的根本任务，思想品德，行为习惯是每个孩子的文明之根。因此，学校把"桃"文化融入德育工作之中，坚持培根固本，

夯实"桃根"教育。

（一）管理育人，落地生根

完善管理制度，制定校纪班规，选取教育经验丰富、责任心强的教师担任班主任。做好每月"文明学生""文明班级""流动红旗"的评比和表彰，安排好三岗执勤工作，促进良好班风、校风的形成，让学生养成"文明用语脱口而出，文明行为随处可见"的好习惯。每月开展班主任学习活动，各班组织学生学习《守则》，每周五召开主题班会。班主任工作每日有记录，每周有检查，每月有考核，每期有表彰（优秀班主任、先进班集体），不断提升班主任的管理水平。建立留守儿童、特殊学生档案，成立心理咨询室，以课题研究的形式深度探讨留守儿童、特殊学生存在的问题，及时开展关爱活动。

（二）课程育人，培根固本

充分发挥课堂教学的主渠道作用，上好道德与法治课。充分挖掘各门课程蕴含的德育资源，将德育内容有机融入各门课程教学中，渗透到教育教学的全过程。

（三）活动育人，根深蒂固

学校始终坚持立德树人，以红领巾广播站为传播途径，以"流动红旗"评比为抓手，以争创"文明学生""文明班级"为载体，开展德育系列教育活动：三月"学习雷锋精神　共树校园新风"，四月"铭记历史，缅怀先烈，为红领巾添彩"，五月"劳动最光荣"，六月"新时代　好少年"。让学生在活动中受到熏陶，在实践中得到锻炼，在知行中养成习惯。多形式开展爱国主义、理想信念、社会主义核心价值观、中华优秀传统文化、生态文明和心理健康教育，强化学生的良好行为习惯、法治意识、良好道德品质和健全人格的形成，努力做到德育无痕、润物无声。

二、融"桃文化"于教学，以质量为本启桃智

教学永远是学校的核心工作，教育教学质量是永恒的主题，是学生的发展之本。桃花源小学坚持不懈地抓学校内部管理、抓师资队伍建设，抓教学质量，进一步完善学校课程体系建设，抓实常规督导工作，向教学管理要质量，让教学管理出效益，夯实学生知识之本，

筑好学校智育之本，促进学生智育发展。

（一）师资培训，智圆行方

聚焦教学真问题，创新教研形式，开展深度校本教研，引导教师走"学习、实践、反思、写作"的教科研之路。向优秀教师学习，坚守教育理想；向教育专家学习，更新教育理念；向教育名师学习，提升教学能力；向课改文本学习，丰富知识储备。坚持开展深度校本主题研修，坚持课题研究专业引领，不断提高学校教科研水平，助力"教师专业成长、学生素质发展"。

（二）阅读为要，智周万物

重视课外阅读，打造书香校园，研究制定课外阅读教学的活动方案，将学生阅读书目制成推荐表，实施一日三读：晨诵、午读、暮省。广泛开展经典诵读，亲子阅读，师生共读。上好阅读"三课"，即读前指导课，读中推进课，读后分享课，定期开展"桃花源记"读书笔记评比等活动。营造良好的读书氛围，开阔人生视野，为学生的终身发展烙下厚重的人生底色。

三、融"桃文化"于艺体，体育美育润桃心

体育与美育是素质教育家族中两颗耀眼的宝石，在人的全面发展中占据了重要的地位。桃花源小学以享受乐趣、增强体质、健全人格、锤炼意志和提高学生审美的人文素养为目标，实施体育美育润心教育，强体魄，树信心，培恒心。

（一）体育锻炼，健体强心

坚持健康第一，实施学校体育固本行动。严格执行学生体质健康合格标准，开齐开足体育课，开展好学校特色体育项目，管理好体育大课间活动，大力发展校园足球、田径运动，让每位学生都掌握一两项运动技能（篮球、足球、武术等）。广泛开展校园普及性体育运动，定期举办学生运动会或体育节，管理好园中源体育俱乐部，做到生生有参与，天天有训练，周周有赛事。强健了学生体魄，提高孩子的意志力，增强他们的自信心。

（二）美育熏陶，剑胆琴心

实施学校美育提升行动，严格落实音乐、美术、书法等课程，

开设艺术特色课程。广泛开展校园艺术活动，帮助每位学生学会一两项艺术技能（巴乌、排箫、拉丁舞、绘画、书法）、会唱主旋律歌曲。组建特色艺术团队，认真开展社团活动，办好艺术展演活动，努力营造良好的艺术教育氛围。引导学生了解我国和世界优秀艺术，增强文化理解，感受艺术的魅力。

四、融"桃文化"于实践，劳动教育铸桃魂

"劳动最光荣"。毛泽东同志曾讲过，自己动手，丰衣足食。桃花源小学历来重视劳动教育，培养孩子脚踏实地，诚实劳动的品质，不眼高手低，不好高骛远。学校制定了专门的劳动教育实施计划，加强学生生活实践和劳动体验教育。每班每周上好一节劳动教育课，每生每周完成一次家务劳动，坚持三岗执勤，积极参加学校劳动实作基地劳动锻炼，培养学生不怕苦、不怕累、不怕脏、不怕臭、劳动光荣的优秀品质。

五、融"桃文化"于评价，全面发展盈桃果

学校围绕思想品德、学业水平、身心健康、艺术素养、社会实践五个方面，开展"桃花朵朵开"学生综合素质评价，推行学生成长档案记录制度，实行"等级＋评语""等级＋特长"的学生多元评价模式，让每一名学生"开花结果"，享受成长的喜悦，为学生的幸福人生奠基。

桃花源小学紧紧以"桃文化"为引领，春风化雨般滋润着孩子的心田。我们坚信，在"桃文化"的引领下，我校的办学内涵会更加丰富，办学特色会不断彰显，办学水平会不断提高。

参考文献

[1]葛金国，吴玲，周元宽.课程改革与学校文化重建[M].合肥：安徽教育出版社，2007.

第一章 桃香校园创新篇

（发表于 2021 年 7 月《进展》杂志）

第三节

校政管理解桃忧

在落实立德树人根本任务中校长的使命责任担当研究

陈爱河

摘要：人民教育家陶行知曾说过，校长是一所学校的灵魂。评价一所学校，首先要评价其校长。因此，一个好校长就是一所好学校，要落实立德树人根本任务，办好一所学校是一个校长义不容辞的使命。

关键词：立德树人；学校管理；校长使命

作为校长，要真正关注学生的成长，就需要有一种高远的追求，一种对于教育的超越性理想，才能实践出一种真正的教育智慧。因此，一位优秀的校长必须对教育有深刻的理解与主张，有一定的人文素质与教育管理素养。

一、以身作则，打造优秀干部团队

校长的威信很重要，因此，作为校长，必须以身作则，严于律己，率先垂范。孔子曰："其身正，不令而行，其身不正，虽令不从。"校长作出表率，紧密团结学校干部干事创业，做到知人善任，任人唯贤，用其所长；引领干部加强团结，团结出凝聚力，团结出战斗力，充分发挥每个干部的潜力和积极性；做到为人正直，以诚待人，以情感人，用好每一个干部的特长。合理安排好他们的工作，大事集体商量，小事各自去办；引导大家加强学习，提高素质，努力打造一支管理能力强、专业技术精、工作效率高、能吃苦耐劳、能带头示范、有奉献精神、有大局意识、领导信任、群众认可的干部队伍。

二、培养教师，促进教师专业发展

学校要发展，质量要提高，需要一支优秀的教师团队。因此，学校必须重视教师的专业发展，引导教师重建职业内涵，重建职业形象，做"四有"（有理想信念、有道德情操、有扎实学识、有仁爱之心）好老师，引导教师做好职业规划工作，充分享受教育这个行业带来的幸福。教育的幸福是什么？就是在人格不断完善，素质不断提高，价值不断实现中所感受到的一种特殊的精神愉悦与美感体验。作为学校，积极创造有利于教师成长的环境，建立好教师发展机制，确立好教师成长阶段性目标，努力实施名师工程和骨干教师工程，发挥名师、骨干教师示范引领作用。努力打造一支敬业爱岗、为人师表、业务精良、热爱学生、尊重家长、品德高尚的优秀教师团队。

三、规范管理，构建现代学校管理制度

学校管理需要制度，有了制度才能有章可循，有矩可蹈。古人云：没有规矩，不成方圆。管理出质量，管理出效益，作为学校必须根据实际情况，积极构建适应新形势、求实效的新的管理机制。努力构建好现代学校管理制度，做到制度完善，科学合理。在制度管理过程中坚持一视同仁，坚持考核的公平公正，不因人而异，不姑息迁就，努力维护制度的权威，增强制度的执行力。同时努力构建刚性管理和柔性管理，制度管理和人性化管理相结合的管理模式，使学校管理步入科学化、民主化、规范化、序列化的轨道。

四、狠抓教学，提高教育教学质量

教学工作是学校工作的核心和主轴，提高教育教学质量是学校办学永恒的主题，也是每位教师义不容辞的责任。学校要围绕《义务教育学校管理标准》建立教育教学质量评价机制，加强质量考核，让绩效考核真正发挥作用。努力构建奖勤罚懒、奖优罚劣的评价体系，让成绩优异者得到肯定，成绩落后者受到督促，让教师价值有追求，教学质量有保障，办好人民满意的教育。

五、立德树人，培养学生良好品质

作为教育人，要不忘初心和使命，教育的初心是什么？是育人。教育的使命是什么？是"培养德智体美劳全面发展的社会主义建设者和接班人"。作为校长在重视学生学习成绩提高的同时，要更加重视学生良好道德品行、行为习惯、意识形态的培养。积极安排好学校德育系列活动，培养身心健康、有文化素养、品格健全的有用的人。

六、安全管理，构建平安和谐校园

儿童是祖国的未来，儿童是民族的希望。校长要一如既往重视学校安全工作，抓安全教育和培训、抓检查和整改、抓常规安全管理、抓安全台账建立、抓安全责任追究，做到"一岗双责"，人人有责。树立人人是安全工作者的思想，做好家校联系工作，让儿童健康快乐成长，构建平安和谐校园。

七、发展个性，彰显办学特色

校长要坚持"以人为本"，就是坚持以教师和学生的发展为本。围绕学校办学理念，细化措施，搭建平台，在让学生发展的同时，教师也充分得到发展。组建各种兴趣小组，做好课后服务工作，有效落实"2+2"项目，让学生个性得以发挥，让六年的小学生活使学生们终身受益。学校的办学目标落到实处，办学特色得以彰显，办学质量得到提高，办学声誉得到肯定。努力把学校办成远近闻名的示范学校，办成老百姓身边的好学校。

（发表于 2021 年 5 月《进展》杂志）

浅谈小学校长行政管理能力的提升

陈爱河

摘要：校长作为学校的最高领导者，怎样才能更好地发挥自己的权力，更好地管理学校是每一位校长都必须重视的课题。在办学过程中，要根据学校的实际，依靠学校教师队伍，领导教师把学校的各项工作做好。为了更好地指导和管理教师，校长必须努力提升自身的行政管理能力，加强对教师的教育和管理，才能把学校建设得更好。

关键词：小学校长；行政管理；提升

随着时代的发展和科学技术的进步，人们生活水平不断提高，家长对子女的受教育品质也日益重视。家长们在挑选学校之前，首先看的就是学校的领导。一位优秀的校长能够创建优秀的小学，因此小学校长必须用自己的言行来塑造一座优秀的学校。

一、新时期小学校长管理工作中存在的问题

（一）在平时的教学工作中，对考核成绩的重视程度

在学校的管理方面，会比较容易陷入一种程式化的状态，这一特点主要表现在：把学生的考试成绩当成是评价教师和学生的一个重要指标。只要成绩好，就对自己的教学工作感到满足，不愿意跳出原来的管理方式所营造出来的舒适圈，把学生的好成绩当作自己的终极目标。在教学管理方面，缺少创造性的思维，无法带领学校达到

更高水准的教育管理，同时也很难带领教师们进行高质量、高效率的教学活动。

（二）教师与学生之间需要融洽的感情

在教学活动中，教师除了要做好自己的本职工作，确保学生的学习成绩，还要兼顾学生的素质教育和心理健康等各种需求。但在繁重的实际工作中，教师们很难将这两方面的工作同时兼顾，从而造成了师生之间的感情并没有达到他们的期望。在此背景下，校长必须积极应对，协调师生关系，推动学校健康发展。

二、新时期小学校长行政管理工作优化对策探析

（一）言传身教，促进学校工作的落实

在对学校进行管理时，要综合考量以下几个方面：营造学校的文化氛围，改善学校的教育设备，补充学校的师资力量，提高学校学生的学习效率。校长应该起到表率作用，既要管理学校，又要带领教师队伍，还要和教师保持密切的联系。校长不是高高在上的，校长也是教师，也要教育学生，只有这样才能更好地领导教师、管理学校，使校长的管理作用得以充分发挥，使学校得以更好地发展。

学校的行政工作是一个非常繁杂的工作，因此作为小学校长，必须做到井然有序，不混乱。在行政管理中，除了要对学期目标进行规划、制订学期计划之外，还要对制定班级课程、评定成绩、为教师教学提供教学资源等方面提出更高的标准，这些都是需要校长进行处理的，这样才能保证学校的各项工作能够顺利进行。

然而，要把学校的行政工作真正地做好，校长必须做出榜样，要通过自己的一言一行对教师、对学生，产生积极的影响，让教师和学生都在校园中成长起来。

（二）制度管理，构建校园的管理理念

"没有规矩不成方圆"，一所好的小学，与严谨的管理体系是分不开的。在完善的管理体系之下，每个成员的工作都能得到科学分配，并且都能有条不紊地进行工作。但是，光有好的管理制度还是远远不够的，无法真正促进学校的发展。仅仅凭借着制度的管理，无法最大程度地调动教师的教育积极性。因此，校长在进行行政工作的

时候，要制定出符合自己学校具体状况的制度，要能够突显出本校的特点。

制度管理并不是一成不变的，应该有自己的特色。我们常说，"特殊性存在于普遍性中"。制度管理不仅要具有普遍性，而且要具有独特性，要充分体现制度的作用，给教师们提供一个更好的工作环境。

学生的成长与发展，除了严格的要求之外，更要给予关爱和激励。同样地，教师也要在自己的工作中感受到爱。因此，校长在进行行政管理的时候，必须给予教师尊重、宽容、关心，让教师充分地感受到爱，教师才能将自己的爱传递给学生们。所以，校长应该走近教师群体，积极地关注每名教师的状况。在教育工作中遇到挫折和困境的时候，校长要给予他们最大的支持。小学校长不仅仅是领导者，也是一名教师，校长应该以教师的姿态深入到教师团队中，关注他们的工作状态，关心他们在工作中的情绪，及时帮助，及时疏导，通过这种方式，让教师在一个融洽、友好的氛围中工作。只有这样，教师的工作热情才会最大限度地激发出来，以更饱满的状态完成教学工作。

（三）利用职权，激励教师完成工作

在学校里，校长不仅是一种责任，也是一种约束。校长要善于使用职权，并在职权使用中体现出人文精神，才能充分激发教师的工作热情，保证学校各项工作的正常进行。

校长作为学校的管理者，必须具有良好的品德，崇高的情操；必须具有专业的知识体系和强大的责任心；必须具有卓越的领导才能和深厚的理论经验；必须在具备专业能力的同时，不断加强自身的修养，充实自己的学识，同时精通教育学、心理学和管理学。小学校长还应该是一个正直、善良、仁慈的人，他应该诚恳地对待每一个人，在生活中平和亲切，在工作中公正严谨。一位德才兼备的校长，会对学校的教师产生深远的影响。

（四）满足需要，激发教师的工作积极性

要获得学生的家长、教师和整个学校的认可，要做到不让家长失望，不让社会失望，就必须建设一支优秀的师资队伍。所以，要用各种形式的奖励来激励教师，也要用各种形式的奖励来满足教师的各种生活需求，为教师解除后顾之忧，他们才能全身心地投入到教学工作中去。因此，校长必须深入了解和掌握教师的需求，并根据他们的需求，有针对性地设计奖励方案。

建立"两种奖励机制"，即"物质奖励和精神奖励"，可以使教师的工作热情和工作积极性得以激发，并使学校的教育质量得以持续提升。比如，在学校里，校长必须深入到教师的队伍里，对每名教师的需求进行详细调查了解，按照教师的专业特点，给教师提供最适合的教师岗位，这样才能让教师充分发挥自己的个性，发挥出自己的教育价值。另外，积极鼓励教师去进修、培训，给他们创造提升自己的空间。鼓励他们加入党员队伍。按照教师的具体工作任务，因材拔擢，以适应教师的发展需要。在教师取得突出成绩的时候，应及时给予表彰奖励，给予他们足够的向上的动力。

另外，建立先进合理的教师评价制度，也是校长工作的一大重点。评价制度是对教师工作进行评价的依据，唯有对教师的工作做出中肯的评价，教师才会积极地投入自己的工作。

在学校教育中，激励制度可以激发出一种更新的、更好的、更强的、更全面的教育理念，从而在促进学校教育事业发展中起到了无可取代的重要作用。

作为一个学校的领导，应该对每个教师都给予足够的尊敬和宽容，承认每个教师的价值。在行政管理中，必须走进广大的教师队伍，充分认识到每名教师的特点和不同的需要，才能有目标地激发教师的积极性。在此基础上，通过对自身教育能力的提升，促进教育事业的进一步发展。

参考文献

［1］王传金，谢利民．论中小学校长的课程领导能力［J］．教学与管理，2006（12）:3-5.

［2］韩春梅．在校本课程开发背景下中小学校长的课程领导［D］．首都师范大学,2005.

［3］谢昌林．新形势下如何做好小学行政管理工作[J].课堂内外·（小学教研),2018（4）:23,25.

（发表于 2023 年 7 月《进展》杂志）

第二章

桃韵教师成长路

桃花源里好育人

——桃花源小学加强师资能力培养侧记

陈爱河

桃花坞里桃花庵，
桃花庵里桃花仙。
桃花仙人种桃树，
桃花朵朵笑开颜。

近年来，桃花源小学紧紧围绕"桃花朵朵开"的办学理念，坚持以"桃文化"引领学校发展，围绕"德育无痕培桃根、质量为本启桃智、体育美育润桃心、劳动教育铸桃魂、全面发展盈桃果"的办学思路，强化教育管理，深化教育改革，以"创特色学校，出品牌名师，产科研精品"为目标，把促进教师的专业成长作为学校可持续发展的关键，狠抓师资队伍建设，努力打造出一支政治素质过硬、业务能力精湛、育人水平高超的教师队伍，让每一位教师享受专业成长的幸福。

桃源深耕，且教且"学"

"要想成为一名好教师，就要先成为一名好学员"。这是我对教师们说得最多的一句话。桃花源小学积极引领教师们聚焦教学真问题，开展深度校本教研，向优秀教师学习，坚守教育理想；向教育专家学习，更新教育理念；向教育名师学习，提升教学能力；向课改文本学习，丰富知识水平，不断助力教师专业成长。

桃花源小学作为全市"书香校园"，不仅要求学生要多读书，也要求老师多阅读，多学习，向全国前 20 位名师和名校长学习，坚持每学期阅读一到两本教育专著，记一本《桃花源记》读书笔记，发表（或参赛）一篇教学论文，每月写一篇阅读反思，不断提高教师的专业素养。

我认为，教书育人先要育己，作为校长更应以身作则。

同时，我校坚持"全员培训制度"，通过举办教师讲坛、校际交流、外出培训、线上培训等多种方式开展培训学习，做到教师人人有参与、人人有培训、人人有发展。

桃李争春，骨干来"带"

为加速中青年教师的成长，"打造一批热爱教育、热爱学生、教育教学技能优秀的教师"，我校研修团队成员龚先全、冉云峰加入了"黄绿鲜名师工作室"，谢大山、刘艳琼参加了黄绿鲜老师的课题研究，在跟随专家学习教育理论、专业知识、教学实践、教育科研中快速成长，提升了专业素养。

同时，我校还大力实施"青蓝工程"，发挥学校优秀骨干教师的引领作用，帮助青年教师尽快成长为学校的中坚力量。青蓝双方教学相长、互帮互学、共同成长，从而造就一支具有现代意识的学者型教师队伍，使其在教书育人的神圣事业中实现个人成功与社会价值。利用"骨干"这一有力资源，在引领辐射过程中，骨干教师自身也得到更好的发展和能力的提升，最终实现"双赢"。

三年来，"青蓝工程"语文学科共结对 14 对，青年教师教育教学水平和科研能力得到了较大幅度的提升。

借助这种导师制，谢大山、冉云峰、刘艳琼成长为酉阳小学语文国培专家，冉蓉、陈玉钗成长为酉阳小学数学国培专家，冉洋、张静、张泌、石娅芹等老师得以迅速成长，教师们由经验课堂向学理课堂转变，教学目标更精准，教学策略更丰富，学法渗透更巧妙，他们的课堂悄然发生了蜕变。

桃花三弄，好师多"磨"

"好老师都是'磨'出来的"。曾在重庆市小学语文赛课中获得第一名的教师冉玲说，从校赛到县预赛、决赛，再到市赛，在近1年多的时间里，她与我校语文工作组的成员们一起，反复磨课，克服了种种困难，无数个日夜伏案钻研，在教学设计上精益求精。很多次，面对队员对教学方案的否定，她都忍不住掉下泪来。

不过，虽然过程是痛苦的，但是，结局是美好的，通过反复地磨课与其他教师的经验碰撞，冉玲的教学水平得以快速提升，还收获了市级奖项。

为了快速提升教师教学水平，我校积极组织青年教师参加各级各类教学竞赛，以赛代练，以赛促教。该校定期开展"朵朵杯"全科全员赛课活动，以《学科课程标准（2011年版）》的理念为指导，以新修订的学科教材为载体，以团队课例研修、个人特色课堂展示为手段，帮助全体教师提升专业技能、促进学校教学质量进一步提高。

彭芳、冉玲老师在重庆市英语、语文现场赛课中荣获一等奖，冉洋、陈玉钗、陈芳、白凤林等老师在重庆市公共安全、数学、语文等学科现场赛课中获二等奖……通过一次又一次的磨课、赛课，越来越多的青年教师迅速成长起来，成为教育骨干。

第二节 反思躺平护桃苗

"桃花朵朵开"党建品牌引领学校高质量发展

陈爱河

新时代，新教学。重庆市酉阳自治县桃花源小学校结合党的二十大精神和学校实情，构建"135"党建工作体系，打造"桃花朵朵开"党建品牌，引领学校高质量发展。

一、构建"135"体系，党建引领育桃花

学校坚守"为党育人、为国育才"初心使命，按照"好品牌、好理念、好课程、好队伍、好生态"工作思想，创建基层党建示范点，全力打造"桃花朵朵开"党建品牌。

（一）落实"一条主线"，加强党的全面领导

学校全面贯彻党的教育方针，创建基层党建示范点，打造新时代"红岩先锋"变革型组织。抓德育，建"文明校园"；抓教学，建"人文校园"；抓管理，建"和谐校园"；抓安全，建"平安校园"；抓环境，建"绿色校园"。落实立德树人根本任务，培养德智体美劳全面发展

的社会主义建设者和接班人。

（二）开展"三大行动"，促进党建业务全面融合

学校以"三大行动"为载体，推动党建与教育教学全面融合，以党建引领教育教学高质量发展。

一是开展"1+3+12"德育序列行动，"1"是指做靓"文明点亮桃小　礼仪浸润童心"市级德育品牌；"3"是指以"红领巾广播站"为传播途径、以"流动红旗"评比为抓手、以"文明学生和班级"争创为载体；"12"是指开展十二个月德育序列化活动。二是开展"1+30+N"课程构建行动，"1"是指"桃花朵朵开"大课间特色课程；"30"是指课后延时服务中书法、足球、篮球、口才、合唱、美术、武术、器乐、科技、阅读等30项校本课程；"N"是指每班一项班本课程。三是开展"1+5+20"师资培养行动，"1"是指培养至少一名市级学科带头人；"5"是指培养至少五名市级学科名师；"20"是指培养至少二十名市级骨干教师。

（三）实施"五项工程"，加快党建质量全面提升

学校党支部紧紧围绕"五项工程"重点任务，推动学校党的建设全面提质增效，引领教育事业内涵发展。实施"双带头人"工程，把学校党支部书记培养成新时代学校党建和业务双融合、双促进的头雁力量；实施"双创建"工程，把党组织建成教育党员、团结师生的核心、攻坚克难的堡垒；实施"双培养"工程，把教学教研骨干教师培养成党员，把党员教师培养成教学教研骨干；实施"双强化"工程，强化师德师风建设和思想政治工作，通过"大思政"赛课活动、师德师风专题培训、警示教育等，建设市级清廉学校；实施"双规范"工程，学校党支部亮身份、亮贡献、亮承诺，开展丰富多彩的主题党日活动。

2022年，学校被评为重庆市"清廉试点"示范学校。2023年重庆日报专题专版报道了《酉阳桃花源小学：解锁特色育人"密码"朵朵桃花精彩绽放》，酉阳报专题专版报道了《构建"135"党建工作体系，打造"桃花朵朵开"党建品牌》。

二、深化"六项育人"，德育无痕培桃根

坚持"五育并举"，德育为先，学校以做强做靓"文明点亮桃小　礼仪浸润童心"市级德育品牌为工作核心，落实立德树人根本任务。

（一）建设"三个阵地"，做好管理育人

1. 加强班级阵地建设。全年坚持班主任月工作检查，班主任工作每日有记录，每周有小结，月月有考核。

2. 加强少先队阵地建设。健全组织机构，开展各种主题队会，增强少先队组织的凝聚力。每位队员做到"六知"——知道队名、队旗、队的标志、队礼的意义、队的领导、队的作风；学"六会"——会写入队申请书、会读入队誓词、会戴红领巾、会行队礼、会唱队歌、会呼号。训练队伍，配齐装备，规范学校升旗仪式，严肃、规范、有气势、有特色，能振奋学生精神，提升学校形象。

3. 加强三岗执勤阵地建设。安排班级轮流三岗执勤，每月进行"文明学生""文明班级""流动红旗"三项评比，要求学生把路走好，把书读好，把字写好，把地扫好，形成良好班风、校风。

（二）开展信念教育，加强实践育人

利用"开学第一课""中华魂演讲""新时代　好少年"等主题教育活动，对学生进行党史信念教育；利用周一升旗仪式、国旗下讲话、红领巾小广播、班级风采展示等活动，对学生进行社会主义核心价值观教育；开展植树节、清明节、端午节等重大节日主题活动，对学生进行中华优秀传统文化教育；开展校园垃圾分类、节约用水、生态知识科普等实践教育活动，对学生进行生态文明教育；利用心理咨询室、"黎红班主任工作室"开展关爱留守儿童、特殊学生活动，对学生进行心理健康教育。让学生在实践中得到锻炼，形成健全的人格。

（三）深化序列主题，增强活动育人

坚持一月一主题，开展德育序列化活动。三月"学雷锋　树先锋"；四月"祭祀先人　缅怀先烈"；五月"热爱生活　劳动光荣"；六月"艺术展演　体验幸福"；九月"行为规范　文明礼仪"；十月"爱国爱家　校兴我荣"；十一月"勤俭节约　低碳环保"；十二月"珍爱生命　与法同行"；一月"完善自我、综合评价"。通过系列的德育主题活动，促进学生良好行为习惯的养成。

（四）发挥学科功能，抓实课程育人

推进习近平新时代中国特色社会主义思想进教材、进课堂、进头脑，上好《道德与法治》课、读本课和其他学科课程，将德育内容有机融入各门课程教学中，充分发挥思政课铸魂育人主渠道作用。

（五）升级校园环境，促进文化育人

提升校园文化品位，科学设计，全面规划，逐步升级走廊文化、班级文化、花坛文化。让校园内的一草一木、一砖一石都体现教育的引导和熏陶作用。加强红领巾广播站、班级专栏、班级图书角、宣传窗、LED屏、网络媒体的建设，营造积极向上、格调高雅的育人环境。

（六）建设三维网络，构建协同育人

充分发挥家长委员会功能，办好家长学校，召开家长委员会会议和各年级各班学生家长会，通过家访、电访、微信等多种形式进行家校共育共建。

近年来，我校11名学生在科学素养竞赛中获市级一等奖，42名学生在征文大赛中获市级一等奖，上官乐言等4名学生在演讲、朗诵比赛中获市级二等奖。罗小雅等52名同学在朗诵、演讲、绘画、书法、征文竞赛活动中获县级一等奖。三（1）中队被评为"全国优秀少先队集体"，学校被评为"全国'新时代　好少年'主题教育读书活动先进集体""重庆市优秀少先队集体""重庆市'文明点亮桃小　礼仪浸润童心'德育品牌学校""重庆市绿色学校""酉阳县教育系统安全稳定先进集体"等。

三、优化课程体系，推进"五育并举"

（一）优化课程体系，培育个性发展

基础课程（国家课程和地方课程）按照课程方案开足课时，开全课程，进行校本化实施。例如，数学学科开设"数学传统文化课程"，让数学家的故事、数学与历史、数学与游戏、数学与生活、数学与健康等丰富多彩的数学传统文化进入课程之中，为孩子展现一个五彩缤纷的数学世界，激发学习数学的兴趣，使其接受深刻的数学文化熏陶。

拓展课程按照必修、选修分类。围绕培养目标，结合学校、教师、学生及社区实际，整合各种资源，突出自身优势特点，学校开设了三十多种拓展课程。如数学文化拓展课程、讲数学故事、演讲与口才、篮球、足球、巴乌等，编印了《墨韵——书法》《奋进——足球》校本课程，所有课程统一排入课表，供学生走班上课。

（二）严把教学"五关"，夯实过程管理

"教学质量是学校发展的生命线"。学校严格落实国家课程计划，严把"五关"，坚持"向课堂40分钟要效率"：狠抓教育教学质量，严把备课关，实行一课三备，走实自主裸备、集体研备、个性复备三个环节；严把课堂教学关，坚持推门听课制度，实行"大单元主题式"教学，建设以"学生为中心"的自主、合作、探究型课堂；严把作业批改关，实施精批细阅，优化作业设计，每周作业上墙公示，有效减轻学生课业负担；严把培优辅弱关，促进学困生的转化；严把"七认真"检查关，向过程管理要质量。近年来，我校各年级各学科教学监测成绩在全县名列前茅，深受人民群众好评。

（三）推行"四制四式"，革新研修管理

聚焦教学真问题，创新教研形式。向优秀教师学习，坚守教育理想；向教育专家学习，更新教育理念；向教育名师学习，提升教学能力；向课改文本学习，丰富知识储备。不断提高学校教育科研水平，助力"教师专业成长、学生素质发展"。

1. 坚持全员制培训，建设学习型团队。通过教师讲坛、校际交流、外出培训、公开课研讨、网络学习等活动，为每位教师创造学习培训的机会。

2. 实行研修练兵制，实现抱团式成长。建好集团名师工作室，继续开展青蓝工程、梦想沙龙、朵朵杯赛课、集团赛课等活动，加强教师梯队建设，人人做合格教师，积极争做骨干教师，努力做学科名师。建设卓越课堂，实行新进教师、青年教师上优秀展示课，课题教师、骨干教师上优质研讨课，学科名师上精品示范课。精心培养一支具有桃花源小学品牌特色的专家型教师团队。

3. 施行"四步五定制"，开展主题式研修。每次主题研修活动由团队研磨——集中展示——主题评议——专题讲座四个步骤组成，做到"五定"——定时、定点、定要求、定内容、定中心发言人；做到"四有"——有计划、有记录、有总结、有通讯，确保校本研修取得实效。同时，实行融合制课题管理，进行沉浸式教学研究。让课题研究与学校的校本教研相融合，扎实开展研究工作，助推课堂变革。各年级各学科成绩在全县名列前茅，连续多年被评为酉阳自治县教育系统综合考核先进单位。

（发表于2024年5月10日《西南商报》）

课堂学习的三种内驱力

白凤林

一、学生的学习动机不强

关于课堂学习，目前面临的问题是学生的学习动机不是很强。事实上，学习动力并不是一个抽象概念，学生的学习动力足不足，是需要老师深入调查和了解的具体问题。学生学习动力到底弱在哪里？是对语文不感兴趣，还是感觉数学太难？是一点都不喜欢，还是想学但没找到方法？这些都可以通过沟通去深入了解。

另一个方面，当我们把"学习动机不足"作为一个问题去研究，仅仅依赖于普通教师的工作和教学经验去做调查是远远不够的。我们必须从更宏观的角度去探究何谓学习动机，深入地了解学习动机的定义。

二、课堂学习的三种内驱力

教育心理学界对课堂学习的内驱力，即驱动学习的力量，有着明确的定义。内驱力（drive）指驱动力，如果加上后缀"er"，则指驱动者。因此，课堂学习的内驱力实际上是指内在的驱动力。教育心理学明确指出，存在三种被普遍认可的内驱力。

（一）认知的内驱力

有些人天生对知识有浓厚的兴趣。例如国内知名作家李娟，她的散文行文优美且用词极为精准。她在读书时就严重偏科，且曾经辍学。但她仍凭借强烈的求知欲和极高的文字天赋，在国内散文界屡获大奖，她的散文作品《我的阿勒泰》和同名电视剧广受欢迎。可见，学习的内驱力之一是个人对知识的兴趣。

（二）附属的内驱力

附属的内驱力是指我们学习是因为想要与某位老师建立联系。例如，崇敬某位指挥家，从而对交响乐产生兴趣；崇敬某位歌唱家，从而爱上唱歌。附属的内驱力表现在课堂上，可能是学生因为对老师人格魅力的崇敬，而格外喜欢上这门课程。

（三）自我成长的内驱力

学习有时并非出于对知识的热爱，而是为了获得外界的认同和肯定。比如为了使父母放心，为了得到老师的肯定，为了赢得同学的尊重。

三、课堂学习动机的恢复

如果学生的学习动力不足，我们必须针对不同情况，改变某些外部条件以激发学生的学习动机。关于如何恢复课堂学习动机的具体方法，在后续文章《学习内在动力的启动》中，将有更深入的探讨。

关注小学女生成长

——探寻小芳的内心世界与教育策略

白凤林

一、案例背景

小芳今年九岁半，是小学三年级的学生。她正处于天真烂漫与成长挑战并存的阶段。她对知识充满渴望，然而复杂的情绪却时常困扰着她。在各种活动比赛中，小芳表现出极度害怕失败的情绪。考试时觉得作文没写好便一直哭到考试结束；下棋输了会哭泣甚至扬言不再下棋；在班上的跳舞活动中落选时觉得老师偏心……小芳敏感要强，绝不允许自己落后，情绪波动极大，经常觉得别人对她偏心，呈现出一种复杂的特殊心理状态。

二、小芳的情绪表现与心理状态

（一）对失败的恐惧及情绪状态表现

1. 活动比赛中的失败恐惧

小芳在参与考试、下棋、跳舞比赛等各类活动时，对失败有着深深的恐惧，无法承受失败的后果。通常表现为情绪失控、行为异常，经常抱怨不公平。

2. 敏感与情绪放大

小芳比很多同龄人都敏感。在学校里，一点小事就会引发她强烈的情绪反应。比如，她会因为老师没有给她的作业更高的评分，而感到心理不平衡，并产生对老师极大的不满情绪。她的内心世界仿佛是一个放大镜，把生活和学习中的细微之事都放大成问题，并时常使自己陷入情绪困扰之中。

（二）较重的胜负心

1. 学校的评估方式产生压力

学校对学生的成绩和表现的衡量通常采用等级评定方式，这对于孩子们来说，在一定程度上成为压力的来源。这种评估方式使他们在学习过程中时刻关注自己的等级，担心自己的表现不够出色。

2. 想赢和怕输的心理交织

小芳对考试失利的恐惧十分明显，即使成绩不会太差，只要她自我感觉考得不满意，就会充满焦虑。在学习和生活中，她对自己要求极高，既渴望赢又害怕输，这种复杂的心理状态不断交织，严重影响着她的情绪和行为。

三、分析

小芳的情绪问题有两类表现：一是无法面对失败的结果。比如考试、比赛、竞选等。二是敏感、占有欲强，习惯性放大日常生活中的不如意。基于以上，我将分别做出心理分析。

（一）孩子为何害怕失败

1. 外在的妈妈

在孩子的整个成长过程中，无论男孩女孩，第一个依恋的也是最重要的监护人就是妈妈。婴儿出生后，第一个接触的人是妈妈，为他们提供温暖的怀抱和解除饥饿的乳汁。在这个过程中，孩子渴望和盼望的这个妈妈，是伸手便能碰到脸颊的妈妈，也可称之为外在的妈妈。与此同时，随着孩子不断成长，他们会逐渐把妈妈当作能抵御外界危险的一种屏障。所以，这个真实的外在的妈妈在孩子的成长中非常重要。

2. 内在的妈妈

与此同时，孩子在与妈妈相处的过程中，会有一个由外而内的转化过程，他们会把每天接触到的外在妈妈输入到内心，有人称之为内化，也有人称之为内设。即外在妈妈会转变为内在的精神意义上的妈妈，即内在妈妈。

1）内在妈妈由外在妈妈在早期输入形成

所有的孩子包括成年人，都有外在和内在两个妈妈。这个内在的妈妈是我们和外在妈妈每天生活的过程中，逐步在内心形成的。这个形成过程大概是在我们一岁半时就完成的。一岁半以后我们还会继续把外在妈妈的某些品质输入其中，形成强大的内在，比如良知。

2）内在妈妈比外在妈妈更重视学习

孩子在一岁半以后，会去粗取精地持续输入妈妈的品质。比如，妈妈会通过询问的方式表达关注。冷不冷？热不热？身体哪里不舒服？有没有发热？但妈妈问得更多的通常是学习相关的问题。今天上课认真吗？今天学的都听懂了吗？不会的问题有问老师吗？诸如此类的一些问题。妈妈关注的重点通常是在这些方面。那么这种关心，每一天的问话，在过滤之后，会逐渐地被输入到孩子的内在妈妈这个范式里面去。这个内在妈妈实际上比外在妈妈更加重视学习，被称为严厉妈妈。

3）由个体形成比较严厉的妈妈

外在妈妈对管理孩子的学习可能并不是十分严厉，但孩子的内在妈妈却非常严厉。于是，我们经常会在学校里看到，考 98 分就号啕大哭的孩子。他们大多数平时考试成绩都不错，但因为他们的内在妈妈过于严厉，致使他们对自己的要求格外高。所以，我们可以得出一个初步结论：那些胜负欲强，一输就哭的孩子，他们是受到了内在妈妈的严厉批评，而内在妈妈是他们在成长过程中自己过滤形成的。

4）严厉的内在妈妈的形成与个性有关

严厉的内在妈妈是如何形成的？是因为妈妈平时对孩子太严厉了吗？其实并不一定。研究证明，有些妈妈平时很严厉，但孩子未必会形成严厉的内在妈妈。所以，形成严厉的内在妈妈也受其他条件约束，与孩子的个性也有关。

总之，孩子在和妈妈交往的过程中，会把妈妈的一言一行逐步内化，并进行某种加工。并且有相当一部分孩子会把外在妈妈严格化、严厉化，从而形成一个内在妈妈，即内在的高级指挥官，在心理学家弗洛伊德那里，将其称之为内在良知，这种良知会对自己的行为做出各种评价。

3. 怕失败是一种自我惩罚

有些孩子很在意参加比赛能否得名次，如果得到名次就很快乐，快乐的源泉其实更多地来自内在妈妈对孩子的表扬，而不仅仅是来自外在妈妈。相反，比赛输了的痛苦，不是来自外在妈妈，而是来自内在妈妈的"惩罚"。有些孩子比赛输了，会号啕大哭，会跑到马路上大吼一声，会拿起砖头狠狠往远处扔，这些表现都还在正常范畴，但背后的心理机制是一样的，他们要小小地"惩罚"一下自己，这种"惩罚"的源泉就来自内在妈妈，即内在良知。

在孩子的成长过程中，如果一个情绪稳定的妈妈，为孩子提供长期的稳定的高质量的有效陪伴，那么孩子就会建立起充分的安全感，多半他也是快乐健康的。因为，孩子在内心里储存了一个良好妈妈，也就是妈妈被他内化了，这个内化储存的地点就是他的自我。所以在一个人的自我成长过程中。自我就像一个内存储系统，其中有一个角落会用来储存内在妈妈，这个内在妈妈随时都在发生着作用，比如考试、比赛、与人比较时，内在妈妈就会或批评或表扬。所以，那些格外在意比赛输赢的孩子，问题大部分都出在他们心里的内在妈妈。按照荣格的说法，内在妈妈的声音是一种神圣声音。

（二）敏感与索取的根源

1. 朴素的利己主义

小芳在班级里比较急躁，情绪波动大，常抱怨老师偏心。三年级的学生大多在 9—10 岁，这个年龄阶段孩子的道德水平基本上是朴素的利己主义。他们这个时期的公平意识格外强烈，这也是这个年龄阶段的特点。但是如果孩子在这方面表现出超乎正常范畴的在意，甚至带来情绪上的巨大波动，家长和老师们就要格外注意，因为有可能还有别的原因。

2. 索取型人格的形成

索取型人格形成的根源在于婴幼儿时期的哺乳情况。充分哺乳需要很多条件，若妈妈乳汁不丰富、乳头开裂或因剖宫产伤口疼等原因影响喂奶，孩子吃奶时若感知到妈妈的不情愿，就会因为欲求不满而心存遗憾，启动努力索取的心理情结。婴儿期吃不饱的孩子会形成"保证能吃到"的人生哲学，在成年后不断对外部世界进行索取。小芳就有可能是在婴儿期形成了敏感和索取倾向。

四、应对策略

（一）对索取型孩子的教育策略

对于已经形成索取倾向的孩子，需要引导他们树立正确的价值观和行为准则，明白在追求外部资源时，必须遵守法律和道德约束，即使对获取外部资源高度在意，也要学会合理的自我控制。

（二）对比赛的合理引导

1. 强调友谊第一比赛第二

家长要耐心向孩子解释比赛的真正意义。让孩子明白参加比赛是为了结交朋友、锻炼自己、享受过程。要尊重对手，学会合作，共同进步，而不是只为获得第一名而竞争。

2. 妈妈调整对比赛的态度

妈妈是孩子身边的重要人物，对于特别在意比赛结果的孩子，妈妈应刻意放低对比赛名次的追求。在孩子参加各种比赛活动时，询问参赛目的，若只是为得名次，可以建议孩子不要参加，以免带来巨大压力。通过强化参赛目的，让孩子更关注比赛过程和自身成长。

3. 避免过度参加比赛

现在为孩子们举办的比赛种类繁多，对于像小芳这样在比赛中产生强烈情绪的孩子，不主张其过多参加，以免强化这种情绪，对孩子的成长产生不良影响。家长应根据孩子的个性和兴趣，合理安排活动，避免过度参加比赛，给孩子更多时间自由地发展。

（三）淡化考试成绩的重要性

1. 正确认识考试的作用

学习是学生认识世界的手段；考试是老师检验自己教学方法的一种手段；考试成绩本身就具有极大的偶然性……从多个方面多个角度，帮助孩子树立正确的学习观，通过淡化考试成绩来解除孩子心理上对学习的排斥，放下压力轻装上阵，才能最大限度地激发孩子的学习兴趣。

2. 理解考试成绩的偶然性

考试成绩具有偶然性，比如语文考试里的作文。家长可以引导孩子关注学习过程，鼓励积极探索、深入思考，让孩子明白学习的真正价值在于知识的积累和能力的提升。

（四）外在妈妈发挥积极影响

1. 降低对成绩的过度关注

妈妈在与孩子的日常相处中，应适度降低对成绩的关注度，把焦点更多放在知识本身。只有这样，才有可能让孩子已形成的内在严厉妈妈慢慢得以缓解。

2. 树立正确的示范作用

妈妈的言行对孩子的成长起着至关重要的示范作用。妈妈可以通过自身的言行，向孩子传递正确的价值观和学习态度。当孩子学习时，给予支持和鼓励，让孩子感受到学习之路并不孤单。用温暖的话语肯定孩子的努力和进步，而非只强调成绩高低。

3. 共同学习促进成长

妈妈可以和孩子一起学习、共同进步。拿起一本书，和孩子一起沉浸在知识海洋中，让孩子感受学习的乐趣和意义。还可以分享自己的学习经验和心得，让孩子了解更多的学习方法和技巧。通过共同学习，既能增进亲子感情，又能让孩子增强主动学习的兴趣，逐渐摆脱内在严厉妈妈带来的压力和束缚。

小学低年级学生的成长还面临着各种问题，小芳的案例就极具代表性。家长和教育工作者应了解问题成因，采取科学教育策略，引导孩子健康成长。妈妈既是守护者，也是引路人，除了要给予孩子关爱和正确引导，还应关注孩子的心理需求，调整教育方式，淡化成绩压力，帮助孩子树立正确的价值观和人生观。相信在共同努力下，像小芳这样的孩子能克服自身问题，茁壮成长。

在未来，对于我们这些教育工作者来说，需加强自身素养，探索更多更有效的教育方法和策略，为孩子们创造良好的成长环境，为孩子们的未来撑起一片蔚蓝的天空。

探寻小学生学习动力不足之因及破解之策

白凤林

本文将深入剖析家长反馈的小学生学习动力不足问题，综合考量孩子的成长阶段、游戏经历以及学习动力来源等多个维度的情况，揭示小学生学习动力不足的成因，并提出针对性的应对策略。为家长和教育工作者提供有价值的参考。

一、家长反馈的问题呈现

（一）家庭作业进度缓慢之困局

孩子在学校完成作业缺乏积极性，回到家后更是边做边玩，态度拖沓，毫无紧迫感。询问其是否可先完成会做的作业以获取成就感，孩子却表示无此意愿。孩子不是不会做作业，而是懒得做，不想做。

（二）学校表现尚可但不认真之现象

校内反馈显示，孩子学习态度不够端正，偶尔会出现上课睡觉、阅读课外书等情况。由于孩子成绩处于中上水平，校内作业大体上能够完成，处于一种勉强过关的状态。正因如此，孩子有时会被老师批评，但整体而言又还算过得去。孩子看到自己成绩不上不下，口头上虽说期望更好，但实际上课外并不做任何努力。

二、成长阶段奠定后续动力基础

在孩子的成长历程中，每个阶段都肩负着特定的使命。若各个阶段均能良好发展，那么下一个阶段通常也会进展顺遂。然而，倘若上一阶段存在瑕疵，依据精神分析理论，便会产生在该阶段未被满足的情况，而孩子往往对此难以释怀，心存挂念。

（一）十岁仍执着玩土之启示

例如，五岁的孩子通常喜爱玩泥巴，若此时禁止其玩耍，长大以后，孩子在任何一个年龄阶段如果有机会玩土，都会沉浸其中。

（二）过往经历对特定喜好的影响

特定年代出生的人群，其童年经历会对日后的喜好产生深远影响。如童年时期遭遇食物匮乏，按照饮食习惯本应在特定时期享用的食物未能得到满足。此后，即便到了老年，他们依然对这些未满足的食物耿耿于怀。

（三）对玩之匮乏的剖析

孩子如今喜欢玩耍，且热衷于一些小玩意儿。这是因为在他过去理应尽情玩耍的年龄，由于各种理由被限制住了。那些被剥夺的玩耍自由，一旦有机会，他必定会努力去争取。

三、游戏中缺乏适当表扬的影响

孩子当前学习动力不足可追溯至其早期的两个阶段，即自主阶段与主动性阶段。

（一）自主阶段：模仿行为与成人反应

孩子在两三岁时，处于自主阶段和主动性阶段的初期。这个阶段的孩子特别喜欢模仿，对身边人的各种活动，他们都充满好奇并试图模仿。然而，在这个阶段，成年人往往会对孩子进行某种程度的教训。由于此时的孩子喜欢乱摸乱拿东西，所以很可能会遭到家长的批评。批评的主要方式多为恐吓，例如告诫孩子电风扇不能碰、火不能碰等。孩子在这个过程中容易被控制，他们想模仿却常常受到限制，甚至被呵斥为捣乱。而到了下一个阶段，即孩子5—8岁时，他们特别喜欢表演，自认为有很多才艺，热衷于展示自己，但往往得不到外部的承认。家长对孩子的玩耍采取不理不睬的态度，这使得孩子在过去的发展阶段中，虽然渴望模仿却没有合适的对象，还可能被大人呵斥为捣乱。

（二）主动阶段：表现欲望与外部反馈

1. 规训引发自我怀疑

在主动阶段，孩子想要尝试一些新事物，比如磨豆浆、弄咖啡等。但在这个过程中，他们可能会被大人批评。在学龄前这个好动的阶段，家庭往往会对孩子实施较多的规训。这些规训使得孩子开始怀疑自己的能力，对自己的行为产生不确定感。

2. 限制导致焦虑产生

在学龄前儿童的生活中，教育相对简单。在中式家庭中，大部分家长把孩子的游戏视为捣乱行为。例如，当孩子把玩具扔得满地都是时，有些家长对此较为开放，不会批评孩子；而有些家长则会经常批评孩子，即使家长是和颜悦色地教导，但这种言语上的限制依然可能导致孩子产生焦虑。孩子在玩玩具时会担心妈妈批评自己，从而影响他们玩的动力。

3. 行动受限与动力丧失

孩子在学龄前的游戏过程中，由于外部的限制，无法以自己喜欢的方式玩耍，这使得他们玩的动力受到限制。学习动力作为早期游戏动力的衍生品，也会因此受到影响。孩子一生的动力，如在未来不同阶段的各种追求，在早期就可能因为各种限制而被削弱。现在的孩子普遍动力不足，很大程度上是因为在早期的成长阶段中，他们的游戏被过多限制。我们可以明显地看到，这些孩子在学习时很被动，每次做作业都好像是在为别人而做。

四、学习动力的来源探寻

学习动力的来源，从发生学意义上来看，有一部分是内在动力。下面我们会进一步探究内在动力的源头。

（一）重复动作与学习动力的关联

1. 重复动作与智慧发展的关系

学习的动力早期源自游戏。在孩子尚未学会说话时，便已开始玩耍，例如玩自己的手指头、脚趾头。孩子在一岁半左右，刚刚学会走路、用手抓取东西的时候，常常会触发重复动作。小孩子在学说话阶段，也会重复一些词汇。小朋友在某个特定年龄段特别喜欢重复，这被称为重复动作。按照皮亚杰的说法，这是一种智慧的发展表现。

2. 智力发展早期阶段与动作、脑细胞运算的联系

在智力发展的早期阶段，我们会发现，学龄前儿童，尤其是三四岁的孩子，在玩游戏或摆弄东西的时候会满头大汗。实际上，这是他们的脑细胞在高度运行和运算，这种现象被称为动作运算。如果此时用设备测量，可以发现小朋友们消耗了大量的卡路里，甚至比成年人还多。在早期阶段，连续的手和脚的动作，实际上是脑细胞的运算。这些动作会转化为表象并存储在孩子的大脑中。

3. 手指头笨拙与游戏次数的关系

小学一年级的孩子经常会写一个字擦一个字，看起来他们好像特别喜欢使用橡皮，其实真实原因是手眼不协调。人类是通过眼睛来控制手部的动作，当孩子们的手指肌肉未发育完全时，大脑无法控制好手部的动作，脑子和手处于分离状态，写出来的字经常达不到大脑中的要求，孩子们会很恼火。如果发现孩子有一写就擦的问题，就需要观察其手眼协调能力。可以让孩子把牙签一根一根插到西瓜皮等物品上，看看他一分钟能插多少个。通过这种方式可以判

断孩子的手指是否灵活。如果发现孩子的手指比较笨拙，那说明孩子的游戏时间和次数不够，可适当增加。

（二）重复连贯动作与外部表扬对学习动力的影响

1. 声音与特定神经元的对应关系

在大脑皮层的某一区域，有一组脑细胞主管语言。在我们的母语区，能听到的元音和辅音通常都能发出来。有些地方的人在发音上存在区分不清的情况，比如某些地区的人在说话时特定发音区分不清。其原因是在他们的母语区没有准确区分这两个音的发音习惯，导致大脑皮层的某一语言区域缺少对应的神经细胞，即语音与脑神经细胞中的某一神经元未能对应。

2. 特定动作刺激特定脑神经

就如同语言有特定的脑神经细胞对语音做出反应一样，某一个动作也会刺激特定的脑神经。孩子在重复动作时，会刺激整个脑神经的发展和发育。动作的神奇之处在于，重复某一动作时，某一个脑神经元有可能与某一类动作产生匹配对应。

3. 动作引发兴奋的原理

我们的身体在每一次做动作的时候，脑神经就会通电，产生一种兴奋感。不同脑神经之间存在神经递质，当一个脑神经被激活时，神经递质会在脑神经中流窜。我们需要将物理的刺激和动作转换为整个神经系统的冲动，即生物电的冲动。在这个过程中，生物电的冲动里有庞大的神经递质，其中有一类神经递质是兴奋的。这也解释了为什么一些小孩子重复一个动作会很开心。

4. 重复性动作产生快感的机制

人类幼儿时期的重复性动作实际上是在不断刺激内在神经细胞，使得神经细胞之间的神经通道里的某些特殊神经递质分泌释放，从而让人产生一种快感。比如，三个月大的婴儿可能喜欢听爸爸打喷嚏或撕纸的声音，每次听到这些声音就会笑。

（三）重复观念与学习动力的关系

学习的动力在早期的表现是一组一组的动作。孩子在学会语言后会发出声音，然后逐渐理解了各种各样的概念，比如"凳子""时间"等，从动作慢慢转变为语言概念和语音概念。有时候孩子会不断重复一些语音，实际上是在重复一些概念。例如，小孩会重复说

"车""要看车"，重复这些的时候会让孩子产生快乐。人类便是这样从重复的动作进化为重复的观念。不断重复的观念会将很多观念联合起来。当这些重复的观念再衍生出一系列观念时，孩子会感受到一种内在的愉悦。这便是人真正的学习动力所在。真正的动力源自内在的想法和观念得到某种重复和逻辑的衍生。

（四）重复连贯观念的内在意义

有时候我们会不断重复地说一些事情，即便听者觉得厌烦，自己也丝毫不觉。这是我们内在的一种机理。我们不断重复一种观念，是在重复连续的观念。这种连续观念即自己衍生出来的一系列观念，进而再产生新的观念。实际上，我们的观念如同一座工厂，不断地生产出新的内容，自己也会产生畅快感。

比如，我们在上语文课时，学习一篇文章会感到豁然开朗。我们在旅行时，到达一个从未去过的地方，会觉得那个地方很美。这种"美"并非完全陌生，而是在我们的大脑里的家乡景物的基础上，产生的一种新元素。它与家乡有相似之处，也有不同之处。这些不同之处会让我们产生新的认识。

（五）外部表扬的意义

成年以后，我们学习到的一些新观念，往往是从自己已有的某种旧观念中迭代而出的。随着不断学习，自己的一套观念不断成长、变化，形成一整套完整的想法，不仅自己能够表达得头头是道，同时还能得到别人的认可。比如我们熟知的脱口秀表演，实际上就是对某种事物或者现象的崭新解释。听众之所以会觉得那些段子好笑，是因为那些段子的梗往往超出了预期。超出预期会让我们感到愉悦。这是从美学心理学的角度而言的。

（六）进步即内在生产

学习的原生动力，实际上是我们原有的观念与外在他人观念之间产生的较量，我们也可以通过交流，使自己的观念得到进步。进步的真正含义，实际上是自身的一种加工。所以我们一直说这是一种内在的生产。

（七）真正的学习是逻辑的延伸

从一年级到六年级，我们学习数学和语文，是一个从易到难，不断滚动叠加的过程。是原有知识的进步、扩张和逻辑的递升。这种逻辑的递升必然会让个体产生愉悦的情绪，这才是真正的学习。

（八）学习的内在动力源于更新迭代产生的类咖啡因物质

在学习的更新迭代过程中，我们的大脑会产生类似咖啡因的物质，这种物质能给我们带来快乐，这便是真正的学习的内在动力。然而，有些学习方式只是单纯的记忆，比如背诵课文，小孩子是很难从单纯的背诵中获得学习乐趣的。相比之下，孩子们会更喜欢上科学课。因为科学课的实验比较多，他们原先的观念能在实验的过程中得到某种生长。这种观念生长带的快乐，才是真正的学习的内在动力。

（九）课堂学习的内驱力分析

教育心理学对于课堂学习的内驱力有深入的研究。内驱力即 drive，加上 er 可理解为驾驶员，课堂学习的内驱力就如同驾驶一般，是一种内在的推动力量。在教育心理学范畴内，目前被共同认可的有三种内驱力。

1. 认知的内驱力

认知的内驱力是指对知识本身感兴趣。有人喜爱语文，有人喜欢数学，有人对物理学等领域感兴趣……这便是内在的认知内驱力。

2. 附属的内驱力

附属的内驱力就是一些来自外部的因素。比如，对老师的崇拜，就会特别喜欢听某位老师的课，在课堂上也会表现得格外积极，想成为老师眼前的"红人"，这也被称为附属的内驱力或红人效应，在学校里是一种正常现象。

3. 自我提高的内驱力

有的人本身对学习并不感兴趣，但他们会为了取得成绩后得到他人的认可而努力学习。这种成就感就是一种自我提高的内驱力。

五、激发小学生学习动力的多维路径

（一）内驱力的生成脉络——动作与观念的融合之旅

真正的学习动力源自动作到观念的发展历程，最后达到动作与观念的完美结合。在此过程中，必然会催生出内在的愉悦感，而这种愉悦感恰恰源于自身能够创造出新的思想、新的观念。

（二）外部认可——孩子成长的关键助力

孩子的成长需要获得外部世界的认同。在幼年时期，他们渴望得到父母的认可；随着年龄增长，他们还需得到老师以及同龄人的认可。社交活动至关重要，人际关系是智力发展的重要外部因素。

（三）三管齐下——铸就孩子的强大动力源

1. 家长的全心认可

对孩子的认可应当是全面且真心真意的。因为家长的认可能赋予孩子前进的动力。

2. 同学的认可力量

在学校生活中，来自同学的认可对孩子的成长发挥着举足轻重的作用。

3. 老师的关键认可

当孩子同时收获家长、老师和同学的认可时，便会动力满满，犹如"小宇宙"瞬间爆发一般。

（四）表扬与批评的审慎权衡

对于大多数孩子来说，他们迫切需要获得家长、老师以及同学们的认可和表扬。可以说表扬是孩子成长最大的动力源泉。

综上所述，小学生学习动力不足是一个复杂但并非不可解的问题。通过对孩子成长阶段的深入探究，我们可以找到激发孩子内在动力的有效途径。从动作到观念，从内在的愉悦到新观念、新动作的产生，再加上外部世界的认可，三管齐下，能够为孩子的学习注入强大的动力。

在孩子的成长过程中，我们应给予他们充分的自由探索的空间。让孩子在一个充满爱与支持的环境中成长，他们才能充分发挥自己的潜力，培养出积极向上的学习态度和持久的学习动力。相信只要我们用心去关注孩子的需求，用正确的方法去引导他们，每一个孩子都能在学习的道路上绽放出自己的光彩，迈向更加美好的未来。

小学二年级女生成长多维透视与教育策略

白凤林

本文以一位 8 岁小学二年级女生的成长情况为切入点，深入剖析其在学习与生活中面临的写字潦草、做题随意、学习热情降低、关注人际关系等问题。通过对这些问题的成因分析，从写字、做题、学习动机、同龄人关系四个方面提出针对性的教育策略，旨在为家长和教育工作者提供有益的参考，以促进小学低年级学生的健康成长。

一、小学二年级女生成长现状

8 岁小女孩升读二年级之后，学习和生活中出现一系列值得关注的问题。在学习方面，书写质量较一年级时明显下降；做题比较随意，经常审题不清就匆忙作答；整体学习热情也大幅降低。总体而言，孩子在学习上呈现出一种躺平的状态。在生活中，性格较为要强，容易生气，并且特别在意同学和老师的评价。此外，最近对人际关系格外关注，经常回家和家长谈论与谁吵架了，又和谁和好了等情况，在这方面耗费了很多精力。

二、写字问题剖析

（一）写字乱现象的普遍性及原因

小学一二年级的孩子写字乱的问题较为普遍。一年级时，孩子写字较为工整，主要原因是胆小怕老师批评。到了二年级，孩子们习惯了校园生活，对老师的畏惧感减弱。这个阶段的孩子追求书写速度，普遍书写质量不高，此现象实属正常。

（二）凹版字帖练字的有效性

要解决孩子的书写问题，可以让孩子练字。二三年级的小孩练习硬笔书法可购买凹版字帖。这种字帖有模子，只要让孩子每天练十个字，坚持一段时间，孩子便能掌握字体的骨架和框架结构，能明白字的左右、上下结构应如何书写。不必急于求成，但一定要坚持。

三、做题随意问题探讨

（一）与孩子年龄相关的因素

孩子做题时不认真审题，都没看清就急于写答案，这种毛躁是这个年龄段孩子的特点之一。

（二）与老师教学方式的关联

1. 语文老师教学的影响

小学语文老师在教孩子写字时，可采用一些基础方法，比如在田字格中示范字的笔画走向，让孩子模仿田字格中的字进行书写。如果语文老师把关注的重点放在如何写好字，而不是写字的态度问题上，就会更有效地提高孩子们的书写质量。因为老师在孩子们心目中具有权威性，尤其在一二年级，老师要求怎么写，孩子们就会照着做，多数孩子的字会因此写得很好。

2. 老师使用专业语言上课的重要性

在做题方面也是如此，数学老师和语文老师，尤其是数学老师，一定要在课堂上坚持使用专业用语。老师的专业说法引导着孩子会形成专业的做法，上课就会更顺利，老师讲到哪里，孩子就能理解到哪里。专业的数学用语能让学生学得更清楚明白。

（三）复习审题程序的重要性

在孩子的学习过程中，做作业存在一般性程序和特殊性程序，而掌握好一般性程序对于孩子高效、准确地完成作业至关重要。

一般性程序主要包括以下几个步骤：首先是通读题目。这一步如同在知识的地图上进行初步的探索，让孩子对整个题目的全貌有大致的了解；第二步是明确题目问了什么。这就像是确定航行的目标，只有清楚地知道问题所在，才能有的放矢地去寻找答案；第三步，根据问题在题目中寻找相关信息，并再次确认。这一步如同在已有的知识宝库中挖掘所需的宝藏，通过回顾和对比，进一步加深对问题的理解；最后，如果家长觉得孩子做数学题比较马虎，可以询问老师具体的做题方法，了解一般的做题流程。一定要向老师询问清楚，确保孩子掌握正确的做题方法。

做题时的审题程序是非常重要的，而且，不同的孩子在审题方面有着不同的需求。有的孩子看一遍题目就可以做题，他们就如同思维敏捷的猎豹，能够迅速捕捉到问题的关键；而有的孩子则需要看两遍题目再做，他们像是谨慎的探索者，需要更多的时间去理解题目；还有一种冲动型的孩子，他们看题时比较囫囵吞枣，经常会漏看条件，计算上也经常出错。对于这种类型的孩子，老师应该要求他们读三遍题目并读出声音，然后再做题。根据不同孩子的个性特点，老师可以灵活地要求孩子读不同的遍数，以确保每个孩子都能以最适合自己的方式理解题目。

做题目是有基本程序的，即明确第一步怎么做、第二步怎么做、第三步怎么做。作为家长，要询问孩子老师是怎么教的，然后让孩子按照老师所说的程序做题。这样能使孩子在规范性做题的限制下，解决大部分题目。就如同在规则的框架内搭建知识的大厦，每一步都坚实可靠。对于一些难题，即使按照程序也琢磨不出来，也是情有可原的。毕竟，难题往往需要更多的思考和探索。

由于有些老师没有强调解题程序，或者孩子容易忘记，所以家长监督孩子坚持做题程序就显得尤为重要。这就像是为孩子的学习之旅点亮一盏明灯，引导他们养成良好的做题习惯。家长的监督可以让孩子在日常的学习中逐渐形成习惯，提高做题的准确性和效率。通过坚持做题程序，孩子能够更加系统地思考问题，培养严谨的思维方式，为将来的学习打下坚实的基础。

四、学习动机不足应对

（一）学习内驱力的三种类型

在教育心理学的范畴中，学习的内驱力主要有以下三种类型：

其一，对知识本身的兴趣。这是指孩子们对自己喜欢的学科知识怀有真正的热忱，他们能够从知识的探索中获得乐趣，沉浸在学科的奥秘之中，仿佛开启了一扇通往奇妙世界的大门。但在众多孩子中，很大一部分孩子对于数学、语文等常规学科往往表现得较为平淡，既没有特别的热爱，也没有强烈的反感。如何提高孩子们对学科知识的兴趣，显得尤为重要。

其二，自我提高的需求。一部分孩子期望在考试中取得优异成绩，比如渴望数学和语文都能考到高分。但他们对于考高分的具体目标却并不十分清晰。还有一些孩子，在取得好成绩后，希望通过参与竞选当上班长。可见，这些孩子努力追求高分，是为了获取某种实际的好处，而这种对好处的渴望便成了他们学习的动力之一。他们在追求自我提升的过程中，不断努力奋进，以实现自己的目标。

其三，渴望得到老师的表扬。当孩子对学习缺乏热情时，可能是因为没有得到外部的有效刺激。仅仅依靠内部那一点微弱的喜好，是远远不够的，这样会导致他们的学习动力不足。在这种情况下，建议家长建立比较稳定的表扬机制，对孩子的学习给予及时的肯定和鼓励。家长可以通过具体的言语表达，如"你今天的作业完成得非常认真，做得真棒"，或者给予一些小奖励，让孩子感受到自己的努力被认可。这样的外部激励能够激发孩子的学习积极性，增强他们的内驱力，促使他们更加努力地投入到学习中去。

（二）表扬与冷处理的方法

1. 对于孩子好的表现给予表扬和奖励。如果孩子今天按时坐在桌子前做作业，家长在吃饭时可以表扬他。例如，可以说："今天准时做作业并且按时完成，奖励一个鸡腿。"给予适当的物质奖励是可行的。

2. 对孩子不好的地方进行冷处理。中国家长常常批评自己的孩子，但一般都很难起到正面积极的效果，反而会引起冲突。在这种情况下，适当的冷处理可能更有效果。

五、同龄人关系建立解读

（一）融入社会与人设建立

六周岁之前的学龄前阶段，孩子通常不会认为自己有朋友。而6-8岁的孩子则会逐渐意识到人际关系的存在，并越来越在意自己和他人的关系。例如，一位老师的女儿正读小学二年级，过年时她声称自己有很多朋友。当被询问朋友是谁时，她回答道："我们那栋楼有30层，谁谁谁是我的朋友。""那还有其他朋友吗？""还有，我曾经跟着妈妈去北京，在北京的幼儿园待过一年，我在北京也有朋友。"小学生在六七岁时开始融入社会，并建立自己的人设。这个环节非常重要，意味着孩子在六七岁时心理发育正常。如果孩子自称有朋友，无论是北京的、南京的，甚至是老家的一条狗，都表明他们在这个阶段开始认识世界，并在逐步构建自己的社交圈。

（二）建立"江湖"关系

人终究会离开自己的家与父母，开启属于自己的独立人生之旅。而读书，则是为这独立人生做准备的重要台阶。从小学一二年级开始，孩子们便踏上了这条漫长的求学之路，历经十余年，一直到高中三年级，通过高考迈向大学，从此走向更广阔的天地。

在真正离开父母之前，孩子需要进行人设准备，深入思考自己究竟是一个什么样的人。也正因为如此，他们积极地去建立属于自己的"江湖"，努力认识更多的朋友。当孩子拥有了同龄朋友时，便可以在其中建立起平等的关系。这种平等关系对于孩子的成长至关重要，它让孩子学会尊重他人、理解他人，同时也在与他人的互动中更好地认识自己。在这个过程中，孩子们共同经历成长的喜怒哀乐，为未来的独立生活积累宝贵的经验和财富。他们在与朋友的相处中，不断探索自我、塑造自我，为即将到来的独立人生做好充分的准备。

（三）父母与孩子的等级关系

在家庭的架构中，父母与孩子之间绝非平等的关系。当下，有人倡导父母与孩子应构建平等关系，然而，这种说法存在一定的误区。实际上，父母与孩子之间呈现出一种等级关系。在孩子的成长进程中，父母必须有清晰地认知并扮演好各自的角色。父亲应当展现出应有的威严与担当，具备父亲的独特气质和风范；母亲也需彰显出母亲的温柔、慈爱与端庄大气。

孩子在成长的道路上，父母作为孩子人生旅程的引路人，肩负着规范孩子行为、塑造孩子品格的重任。要让孩子明辨是非对错，培养他们的责任感和自律意识。

当然，这种等级关系并非意味着父母可以独断专行地对待孩子。父母在行使权威的同时，也要充分考虑孩子的感受与需求，以恰当合理的方式进行教育引导。随着孩子的成长与发展，父母也应适时调整教育方式，给予孩子更多的自主空间，助力他们培养独立思考和决策的能力。但在孩子未成年的阶段，父母的等级地位具有不可替代性和重要性，这能够为孩子营造稳定的成长环境，提供明确的行为规范和价值导向。

（四）与同龄人共度时光

孩子在成长的过程中，与同龄人的交往是其人生必修课。同龄人共同经历着许多身份和角色的转变，共同面临着类似的挑战和困惑。他们之间的交流和交往，更容易使彼此感到被理解和接受，从而缓解生活和学习中的压抑感。同龄人之间的关系是平等的。从小学有同学开始，孩子们便共同度过时光，一起学习玩耍。对于小学生而言，尤其是在小学一二年级，与同龄人建立伙伴关系显得尤为重要。在这个阶段，他们开始探索世界，同龄人成为他们重要的伙伴和参照。

和同龄人在一起，孩子们会经历各种社交生活。比如谁和谁吵架、谁被父亲责骂等。在小学里，这种情况在女孩子之间更为常见。一会儿和这个好，一会儿和那个不好，这其实是孩子们之间的正常社交状态。家长不必过度焦虑和干涉，孩子们在这样的互动中能逐渐学会处理人际关系，发展自己的社交能力。他们在争吵与和好中，理解他人的感受，学会沟通和妥协。这是他们成长过程中不可或缺的一部分，也是他们逐渐适应社会的重要途径。

（五）积累人际控制的原理与经验

孩子在建立自己人际关系的过程中不断积累经验，这将对他们的未来产生深远影响。从小学开始，他们在与同龄人相处中逐渐摸索，为将来各个阶段的社交生活奠定基础。在国外，有一种独特的老年文化现象，老年人不去养老院，而是选择和心仪的朋友一起搭伴过日子，共同生活，彼此照应。

孩子在建立自己的社会关系时，也在努力寻找一种平等的关系。这充分表明孩子在这个成长阶段的发展是正常的，他们正通过与同龄人互动，为自己未来的生活积累不可或缺的经验。在这个过程中，他们学会尊重他人、理解平等的价值，为日后融入多元化的社会做好准备。

六、教育策略与展望

（一）针对写字问题的策略

家长应重视孩子的写字问题，若希望孩子字写得更好，可利用凹版字帖让孩子练习钢笔字。坚持每天让孩子练十个字,培养孩子的耐心和专注力,逐步提高孩子的书写质量。同时,家长也可以与老师沟通,希望老师在课堂上多关注孩子的书写情况,采用正确的方法指导孩子写字。

（二）针对做题随意问题的策略

老师在教学过程中应注重培养孩子的审题习惯,坚持使用专业语言,让孩子清楚明白地理解题目要求和解题方法。对于不同类型的孩子,要有针对性地提出审题要求,帮助孩子养成良好的做题习惯。家长也要监督孩子坚持按照做题程序完成作业,及时与老师沟通孩子的学习情况,共同促进孩子的学习进步。

（三）针对学习动机不足的策略

家长和老师要了解孩子的学习动机类型,对于缺乏学习热情的孩子,要通过建立稳定的奖励机制,激发孩子的学习动力。对孩子的进步及时给予表扬和适当的物质奖励,老师在课堂上也可以多采用鼓励性的教学方法,激发孩子对知识的兴趣和自我提高的需求。

（四）针对同龄人关系建立的策略

家长要理解孩子在这个阶段对人际关系的关注是正常的发展需求,不要过度焦虑和干涉。在家庭中,父母要正确认识与孩子的等级关系,扮演好自己的角色,给予孩子适当的引导和教育。同时,也要鼓励孩子与同龄人交往,让孩子在与同龄人相处的过程中学会沟通、合作、包容等重要的社交技能,为孩子的未来发展奠定良好的基础。

总之,小学二年级是孩子成长的关键时期,家长和老师应关注孩子在学习和生活中出现的问题,采取科学合理的教育策略,引导孩子健康成长。通过对孩子写字、做题、学习动机和同龄人关系等方面的关注和引导,帮助孩子养成良好的学习习惯和生活态度,为孩子未来的发展创造有利的条件。相信在家长和老师的共同努力下,孩子们能够顺利度过这个重要的成长阶段,迈向更加美好的未来。

第三章

桃萌低龄育童篇

一年级儿童人格之变

——从本我到超我的成长旅程

白凤林

当一年级的孩子们怀揣着懵懂与好奇踏入校园，一场关于个体人格发展的深刻变革已悄然开启。弗洛伊德的人格理论，为我们揭示了人格的复杂结构，而一年级的学校生活则成为孩子们人格塑造的关键时期。本我、自我与超我在这个阶段相互交织、相互作用，共同影响着孩子们的成长轨迹。本文将深入探讨一年级儿童人格发展的各个层面，全面揭示学校生活对他们的深远影响，以及家长和老师在其中应扮演的重要角色。

一、一年级新阶段带来的人格变迁

（一）学校纪律与适应挑战

学校是一个充满纪律、规则的地方。如 7 点到校上晨课，8 点打铃进教室，迟到是不被允许的。在课堂上，孩子们需要遵守课堂纪律，不能做与学习无关的事情。要认真听老师说的每一句话，注意力要高度集中，时刻准备被老师提问。这些规则对于刚刚从幼儿园过渡而来的孩子来说，无疑是一种挑战。他们需要逐步调整自己的行为模式，以适应学校的纪律要求。

儿童 6 周岁进入学校，儿童本我的力比多进入潜伏期，潜伏期儿童的特点就是隐藏性的冲动变成身体运动的能量，身体发育使得他们更加有力量，能量与力量的结合就是一年级儿童的特点，玩闹跑跳，不知疲倦；在视觉和听觉上，这个时期的儿童喜欢具体形象的教学演示，而不喜欢老师一味用语言讲解。老师说得多了，学生们就会启动自己的视觉小游戏——玩铅笔、捏橡皮、东张西望。酣畅与节制的矛盾使得管教一年级的老师成为弹棉花的高手，儿童在纪律的规约下，且战且退。孩子的天性接受约束，纪律和各种规则成为儿童人格外在镶嵌的特色，在将来多年的学校生活中会逐渐内化。

（二）老师的言行影响

1. 言语对观念的塑造

老师在和孩子们交流的时候，会有一些非常典型的行为和语录。比如经常强调要好好学习，测验的时候考个好成绩，成绩分数常常挂在嘴边。孩子听到这样的说法，长期反复地听，就会慢慢形成一种观念，觉得成绩很重要，甚至非常关键。比如老师强调谁这次单元测验考了 100 分，谁进步很大等，所有的孩子都会被这些信息所影响。

老师的言语对孩子们的观念塑造起着至关重要的作用。他们的话语不仅传达了学习的重要性，还在孩子们心中种下了竞争的种子。孩子们开始关注成绩，渴望得到老师的认可和表扬。这种对成绩的追求可能会成为他们自我发展的一部分，但也可能给他们带来压力和焦虑。

2. 报成绩引发的焦虑

假如一个孩子考试成绩一直不好，总是在及格线边缘徘徊，那么这个孩子对老师报成绩这件事就会感到极度不安。如果老师每次都要报成绩，那么这个孩子考试之前就会着急，担心自己会考得不好。考完试后又害怕老师念到成绩等等。

对于成绩不理想的孩子来说，每次报成绩都像是一场噩梦。他们害怕被同学嘲笑，害怕让家长失望，这种焦虑可能会影响他们的学习态度和心理健康。老师应该谨慎选择报成绩的方式，全方位地考虑每一个孩子的感受，避免给他们带来过大的压力。

二、焦虑的躯体反应与潜在影响

有相当一部分一年级的孩子不仅形成焦虑情绪，而且这种焦虑还带有明显的躯体反应。例如，一到考试就频繁上厕所、不停地削铅笔、啃手指头。当一个班级里，尤其是一年级的班级，在每次考试或单元测验的时候，如果发现上厕所的同学特别多，啃手指头的同学也很多，这场景仿佛回到了他们两三岁的时候，这些行为都是焦虑的具体外在表现。由此可以反向推断，管理班级的老师可能过于严格，给孩子带来了极大的压力。如果孩子在一年级的时候就形成焦虑，若这种状态持续下去，那么到六、七、八年级，很有可能会演变成抑郁情绪。

对于这些情况，学校可以考虑在老师与同学的沟通以及日常相处中，对某些语言进行适当控制。老师不宜过于随意地表达，避免总是将分数挂在嘴边。老师们应该更多地展现出自身的文化素养，不能仅仅聚焦于成绩，教导之余也应该为学生们带去一些情绪价值，使他们在学习之余能放松心情。总的来说，在老师与学生交流的过程中，老师频繁提及的内容可能会在学生心中形成特定的观念。

焦虑的躯体反应是孩子们内心压力的外在表现。一旦出现频繁上厕所、削铅笔、啃手指头等行为，老师应及时调整教学方法和管理方式，减轻孩子们的压力。同时，学校也应该为老师提供相关的培训，帮助他们更好地理解孩子们的心理需求，营造一个更加轻松、愉快的学习环境。

当学生将老师所说的内容转化为自己的内在渴望时，实际上已经种植在了学生的自我之中。同学之间的交流也会对孩子们的自我发展产生影响。穿着漂亮衣服的同学可能会引起其他同学的羡慕，从而产生购买漂亮衣服的欲望。这种欲望反映了孩子们对美的追求和对自我形象的关注。然而，对于一些家庭条件有限的孩子来说，这种欲望可能无法得到满足，从而产生失落感和自卑感。老师和家长应该引导孩子们树立正确的价值观，让他们明白外在的美并不是最重要的，内在的品质和能力才是真正值得追求的。

三、同学交往——自我发展的催化剂

（一）审美观念的悄然形成

同学之间的交往是孩子们审美观念形成的重要因素。有些家庭会给孩子穿比较昂贵好看的衣物。其他同学看到后，彼此之间就会产生影响，孩子们开始分辨什么是好看的，什么是不好看的，并且能够快速形成一种观念，认为那个是好看的，还会叫家长也购置一件。这些想法和观念在幼儿园时期是没有的。但到了小学以后，他们就慢慢开始形成审美观念。

在一年级时，孩子们就是这样通过关注自己和他人的穿着打扮，在比较和模仿中，逐渐形成自己的审美标准。这种审美观念的形成不仅反映了孩子们对美的追求，也体现了他们对自我形象的关注和塑造。老师和家长可以利用这个机会，引导孩子们树立正确的审美观念，培养他们的审美能力。

（二）自我中欲望的萌生与发展

1. 财富追求与欲望

在一年级的时候，孩子自我的发展源于他和同学之间高频率的互动。由此，他会有追求财富的想法。比如，有的同学每天都有零花钱，会买一些零食和小玩具。一年级的孩子几乎每天都在接受新鲜的信息，并形成新的观念、新的欲望、新的想法。而这些欲望和想法如何实现呢？必须通过购买，而购买就需要钱。所以在一年级这个时期，孩子们都会需要一些钱。

同学之间的财富差异可能会引发孩子们对财富的追求。看到其他同学有零花钱，可以买自己喜欢的东西，一些孩子会产生羡慕和渴望。这种对财富的欲望可能会促使他们思考如何获得金钱，从而发展出一些自我实现的方式。然而，家长在给予孩子零花钱时应该适度，引导他们正确使用零花钱，培养他们的理财观念。

2. 家长对零花钱的态度

在现实生活中，受某些观念的影响，家长在小孩子低年级的时候不给孩子零花钱，认为这样可以帮助孩子树立节约的观念。然而，低年级的孩子正是处在对金钱产生兴趣的阶段，完全压制他们的想法，很有可能会使孩子成为一个对钱充满欲望和贪婪的人。家长早期处理零花钱时的态度，对孩子们的财富观念有着重要影响。完全不给或者随意给，都会使孩子的金钱观念出现偏差，长大后出现理财问题。家长应该根据孩子的年龄和实际情况，适当给予他们零花钱，并引导他们学会合理使用和管理零花钱。

四、自我的展现与成长路径

（一）知识的炫耀与自我价值的追寻

有的一年级的孩子逐渐开始炫耀自己的知识，比如有的孩子会拿着一个恐龙玩具，跟人家科普恐龙的知识，说恐龙有两种，一种是吃肉的，一种是吃草的。

知识的炫耀是孩子们自我价值追寻的一种方式。通过展示自己所知道的知识，他们希望得到同学们的认可和赞赏，从而提升自己在班级中的地位。这种行为反映了孩子们对自我价值的渴望和追求。老师和家长可以鼓励孩子们积极学习知识，但也要引导他们正确看待知识的价值，避免过度炫耀。

孩子们不仅会炫耀知识，还会炫耀自己的其他物品。钱作为一种可以购买各种东西的工具，也成了他们炫耀的对象。这种行为反映了孩子们对物质的追求和对自我满足的渴望。老师和家长应该引导孩子们树立正确的物质观念，让他们明白物质并不是衡量幸福和价值的唯一标准。

（二）老师的引导与推动作用

一年级的小孩子在进入学校以后，在与老师和同学的交往中开始想成为三好学生、班长，或者考试想考得更好。也有一些孩子学习不努力、上课不听或走神，但依然有获得好成绩的渴望，比如想考双百分，想成为班干部。老师在此时起着重要的引导和推动作用。通过与孩子们的交往，老师应适时激发他们的学习动力和竞争意识，帮助他们树立正确的目标和价值观。同时，老师也应该关注那些学习不努力的孩子，引导他们认识到学习的重要性，激发他们的内在动力。

　　老师要推动这些刚进入小学、正处于和同学高频率交往阶段的孩子。老师要鼓励孩子多拥有一些知识。比如有个孩子逢人就讲恐龙的知识，老师就要顺势而为，对当听众的同学说："人家天天讲，你也讲点给人家听。"

　　我们有很多孩子自幼便显得较为内向，而其中一些孩子甚至表现出某种程度的迟缓。当有些孩子在炫耀知识的时候，他们无动于衷。大多数孩子都是受别人"吹牛"的启发，然后自己也想发展出"吹牛"的能力，进而去汲取更多的知识。在移动互联网时代，知识是非常容易被获取到的。人们的喜好也越来越多元，有人喜欢昆虫物语，有人喜欢外星人……当有人炫耀这些东西时，很多其他同学都会跟进。老师要密切关注某些进入小学后从来不炫耀的学生，他们在学习态度上可能是偷懒的小孩。不管人家在吹什么牛，不管流行什么东西，他们都不为所动。对于这种孩子要用一些激将法，让他们的脑子动起来，大胆地表现自己。

五、本我的限制与学校纪律的规训

（一）快乐本质的压抑

　　在幼儿时期，孩子不管是在家里还是幼儿园里，规矩都是相对少的，有一部分孩子最大限度地使本我获得了张扬和满足。然而，进入学校以后，学校里到处都是规章制度和纪律。无论是在校园里玩耍还是在课堂上课都有规矩，所以孩子们追求快乐的天性会受到一定程度的压抑和限制。

　　学校纪律对本我的限制是孩子们成长过程中必须面对的挑战。在幼儿时期，孩子们的本我可以得到相对自由的表达，但进入学校后，他们需要遵守各种纪律和规范，这可能会让他们感到不适应和压抑。然而，这种限制也是必要的，它有助于孩子们学会自我控制和遵守社会规则。

　　在这个过程中，通常学校会制定一些规则，比如，打碎公共财物需要赔偿。小孩子就会想，足球不能随便踢，石子不能乱扔，一不小心就可能打碎玻璃。打碎了怎么办？要赔偿，这会让孩子感到十分担忧。总而言之，进入学校后，本我受到了某种限制，不可再肆意妄为。

学校的规则和纪律不仅是为了维护秩序，也是为了培养孩子们的责任感和担当意识。当孩子们知道自己的行为会带来后果时，他们会更加谨慎地行动，学会为自己的行为负责。这种责任感的培养对于孩子们的成长至关重要，它将伴随他们一生，成为他们人生的重要品质。

（二）学校纪律的深刻影响

学校的纪律从某种意义上来说也是对身体的规训，比如，小学生要在教室里坐 40 分钟，不能乱说乱动，不能上到一半说没劲了就出去溜达。所以原本自由散漫的小学生，自从进入学校以后，就变得不太快乐，实际上是他的本我受到了限制和约束。

学校纪律的严格要求，会对孩子们的行为习惯和学习态度产生深远的影响。在长时间的课堂学习中，孩子们需要学会集中注意力，遵守课堂秩序，这对于他们的学习效果至关重要。然而，对于一些活泼好动的孩子来说，这种约束可能会让他们感到不自在，甚至产生抵触情绪。

在这种情况下，老师和家长需要共同努力，帮助孩子们理解学校纪律的重要性，同时也要关注他们的情绪变化，给予他们适当的支持和鼓励。老师可以通过生动有趣的教学方式，吸引孩子们的注意力，让他们在学习中找到乐趣。家长则可以在家庭中培养孩子们的自律能力，让他们养成良好的学习和生活习惯。

六、超我的形成与作用机制

（一）超我的定义与起源探寻

有人说超我就像是一个"警察"。其实超我是有起源的，简单来说，超我是接受某种规则，每个人做事都应按照某一种规则去做。超我处于潜意识之中，本人并非完全能觉知。本我是绝对处于潜意识中的，而超我有一部分比较接近自我。按照弗洛伊德的说法，超我其实也处于黑暗之中，属于潜意识范畴。

超我的形成是一个复杂的过程，它受到家庭、学校和社会等多种因素的影响。在孩子们的成长过程中，他们通过观察和模仿身边的人，逐渐接受了社会的价值观和道德规范，并将其转化为他们的超我。超我的形成是一个长期的过程，需要不断地强化和巩固。

（二）超我的功能与价值体现

超我最主要的功能就是限制人们的行为。比如，再好吃的饭菜也不能吃太多，花钱要有节制，晚上不能熬夜，早上不能赖床……比如，那种暴饮暴食、熬夜赖床、无节制消费等任性行为，都是人类的本我有可能产生的冲动。而当本我启动时，比如，刚拿了5000块工资就想全部花光，超我立刻就会提出抗议。超我其实是个体对"喜欢"设定的界限。

在小学一年级的孩子身上，超我也发挥着重要作用。比如晚上在家写作业，困得不行了，本我就会启动，想上床睡觉。但这些都会受到超我的严厉制裁，会严厉地告诉自己，作业还没做完呢，不可以睡。总而言之，其实超我就是爱和节制的结合。就是不要做出格的事情，否则会受到心灵上和心理上严厉的制裁。

超我的存在对于孩子们的成长具有重要的价值。它帮助孩子们学会自我约束，遵守社会道德规范，培养良好的品德和行为习惯。超我还能够引导孩子们树立正确的价值观和人生观，让他们明白什么是对的，什么是错的，什么是值得追求的，什么是应该避免的。

七、学校厕所——自我规划的起点

当孩子进入一年级以后，明显受到了各种各样的规约和节制，其中最大的一个限制，同时也是迫使孩子们发生巨大变化的就是——上厕所。从心理学的角度来看，这是一件非常重要的事情。学校的厕所通常建在楼层的偏远角落处，这就迫使每个孩子在进入学校后，要做一些考量，课间十分钟够不够拉一个大号，需要提前多少时间等等。有的学校老师会拖堂，所以孩子们还会为上厕所这件事提前做好更多的准备。上厕所是孩子第一次面对自己进行某种规划，思考如何才能上到厕所。

学校厕所的位置和使用规定成为了孩子们自我规划的起点。在这个过程中，他们学会了考虑自己的需求，合理安排时间，做出决策。这种自我规划的能力对于孩子们的成长至关重要，它将帮助他们在未来的生活中更好地应对各种挑战和问题。

八、老师在人格发展中的关键作用

（一）鼓励孩子拥有知识

一年级的孩子刚进入小学，正处于高频率交往阶段。对于爱分享知识的孩子，老师顺势引导他们获取更多知识；对于不善言辞的孩子，可以激励他们发展出可以展示的内容，提升其认知能力。例如，可通过组织多彩课堂活动、推荐书籍资料、鼓励孩子参加兴趣小组等方式激发孩子学习兴趣，促进其自我发展。

（二）正确的教育方式与理念

老师在限制孩子本我时不能采用负强化，不能用"恐吓"的方式教育成绩不好的孩子。应采用正确的教育方式和理念，关注孩子身心健康与全面发展。尊重个性差异，因材施教，激发内在潜力，注重培养自信心和自尊心，让孩子感受自身价值和能力。

九、家长的配合与支持

（一）给予孩子零花钱

家长在孩子一年级培养过程中应给予一定的零花钱，如每天五块钱，培养理财和自我管理能力。给予孩子支配权，让他们学会决策、控制欲望、节约储蓄，增强自信心和自尊心。

（二）关注孩子的人格发展

家长不能只关注学习成绩，要多与孩子沟通交流，了解孩子的想法和感受，及时发现其人格发展问题并正确引导。如孩子出现焦虑、自卑等情绪问题，可与老师沟通解决。同时，以自身言行树立榜样，培养孩子的品德和行为习惯。

一年级儿童入校后，人格发展经历了从本我到超我的复杂变化。学校的纪律、老师的教导和同学之间的交往都对孩子的人格发展产生着深远的影响。在这个过程中，家长和老师要正确引导孩子，让他们在适应学校规则的同时，保持本我的快乐，发展自我的能力，接受超我的约束。通过给予孩子一定的零花钱，培养他们的理财和自我管理能力；采用正确的教育方式和理念，关注孩子们的身心健康和全面发展；与孩子多沟通、多交流，了解他们的想法和感受，及时发现问题并给予正确的引导和帮助。只有这样，才能帮助孩子们健康成长，成为有责任感、有担当、有品德的人。

一年级男孩作业"磨叽"现象之分析与对策

白凤林

本文聚焦一年级男孩做作业"磨叽"这一普遍现象，深入剖析其产生的根源，并提出针对性的解决策略。通过对孩子成长过程中的教育方式、心理特点以及环境因素等多方面的探讨，旨在为家长和教育工作者提供切实可行的方法，助力孩子克服作业拖沓问题，提升学习效率与自律能力，为其未来发展奠定良好基础。

一、引言

在教育的广袤天地里，一年级男孩做作业磨蹭的问题如同一朵引人关注的阴云，时常笼罩在家长和教师的心间。这个问题不仅影响孩子当下的学习进度，更可能在其成长之路上投下不良的暗影。深入探究这一现象背后的原因，并寻觅有效的应对之策，具有重大的现实意义。

二、一年级男孩作业磨叽之表现

做作业时拖拖拉拉，边做边玩，一个小时能完成的功课常常需要三四个小时；晚上入睡困难，早上又起不来，家长再三催促起不到作用；日常做事慢慢悠悠，穿衣慢、洗漱慢、吃饭慢、出门慢等；对于家长安排的事务，总是不情不愿，且不紧不慢。

三、作业磨叽现象之原因剖析

（一）时间概念之缺失

1. 具体行为呈现。孩子在进行任何活动时，皆缺乏时间观念。以刷牙为例，挤牙膏过程极为细致，一定要挤成一条，且在此期间还伴有歪脑袋、撅手指、翘嘴巴、哼小曲等动作，速度极为缓慢。做作业时，更是毫无紧迫感，导致作业时间冗长。

2. 成因深度探究。造成孩子时间概念缺失的关键因素在于家长的教育方式。通常情况下，父母尤其是母亲在孩子幼年时对其做事要求过多，却未将时间因素纳入考量。比如刷牙缓慢的孩子，实际上，正是家长在孩子小时候对其刷牙等日常行为进行过于细致的要求，这种过度的规范与指导，导致孩子逐渐形成了这种看似磨蹭的行为模式。家长在不知不觉中以自己的标准塑造着孩子的行为，却在孩子成长过程中对其表现出的缓慢感到不满，这实在是一种值得反思的教育现象。

（二）不当做事训练之影响

1. 早期行为模式解析。孩子做事磨蹭，多是按照特定标准进行，看似不标准的动作实则有程序、有套路。如刷牙时有多套动作，每套动作包含多个程序。这种做事方式源于孩子早年所受的训练，进而在做作业及其他事务中也表现出磨叽的特点。

2. 强迫性行为自幼年发端。许多孩子在一两岁时，诸如穿衣服、撒尿、放拖鞋等日常小事都被严格要求。三岁前的孩子不宜进行精细动作，若强行要求，便会演变为强迫性动作。所谓的磨蹭，实际上是强迫性行为在幼年时期的早期发作。幼时磨蹭的孩子，成年后做事也会拖沓，呈现出一种强迫型行为模式，做事程序复杂，犹如宗教仪式一般，例如吃饭时必须遵循一套特定流程。

3. 学龄前教育方式之反思。在学龄前 0-3 岁，尤其是两岁前后，让孩子做事遵循四五个程序，这会导致孩子在 3-6 岁时看似认真，实则是磨蹭。严格要求孩子的监护人往往不懂教育的真谛，在让孩子做事时忘记了时间因素，教育孩子时也未将时间概念融入其中。孩子在受教育过程中没有形成时间观念，以至于到七八岁时依旧缺乏时间观念。同时，学龄前儿童适合一次性教育，比如，放置一个东西，妥善摆放即可，不应要求其摆放得左右对称、上下对称。然而，许多家长在孩子小时候教育不当，致使孩子长大后出门变得极其烦琐，女生出门可能需要两小时。

（三）苛刻指导与时间钟缺失之困

1. 幼时教育不当的后果。家庭时间概念的形成至关重要。若孩子尚小，不应教导他们用过多程序做事，孩子完成一件事情，适合采用粗放教育方式，比如出门时说走就走，否则孩子可能会养成拖沓的习惯。在日常教育中，大人做事不认真，小孩却过于认真，这是一种普遍现象。需要牢记，孩子小时候最好的教育是说走就走，说干就干。

2. 指导性教育的负面结果。磨蹭是指导性教育的产物，当事人往往难以面对。在0-3岁时，做事要求苛刻，孩子可能还觉得有趣而乐意接受。但到了3-6岁，孩子自觉执行这些程序时，大人便会觉得孩子磨蹭。上小学后，家长既要上班又要面对孩子依旧按照程序做事的情况，更加恼火。有个案例，有一对年轻父母，孩子上幼儿园大班。父亲性子急躁，要求孩子在家换鞋后要将拖鞋摆放整齐。孩子从小受此教育，现在每天早上出门去幼儿园之前坚决按照早年的要求摆放拖鞋，父亲却又因时间紧迫而发脾气，可谓自食其果。

（四）天性爱玩与兴趣匮乏之羁绊

1. 天性爱玩引发对作业的排斥。孩子天性爱玩，一年级的孩子更是如此。他们每天都沉浸在玩耍中，对于没有兴趣的作业自然会产生排斥心理。在排斥心理的作用下，孩子逐渐学会一边玩一边做作业，从而变得异常磨叽。

2. 缺乏兴趣爱好导致学习动力不足。孩子若没有自己的兴趣爱好，就难以在学习中找到乐趣和动力。家长应积极培养孩子们的兴趣爱好，如踢毽子、跳绳、踢球、骑自行车等。经常看到小区院子里，一二年级的孩子放学后满院子骑车玩耍，他们对此乐此不疲。家长们务必发展孩子的兴趣，因为当孩子有兴趣时，生命才能绽放光彩。然而，许多家长自身缺乏生命能量，难以想象孩子拥有兴趣爱好后的状态，总是将孩子摁在书桌前做作业。

（五）家长期望过高与教育方式不当之弊端

1. 过高期望带来的压力。家长不应对孩子抱有不切实际的期望。

应该根据孩子的实际情况和能力来设定合理的期望值，而不是盲目地追求高标准和高要求。

2.不当教育方式的不良影响。家长在教育孩子时要适度，过于苛刻的教育方式并非良策。不能让孩子在做事情时被过多的程序和要求束缚，否则会导致孩子做事磨叽，缺乏时间观念。

四、应对一年级男孩作业磨叽之策略

（一）培育时间观念，点亮成长之路

1.家长以身作则，树立时间管理榜样。在日常生活中，家长应高度重视自己的时间管理，做到守时、高效。通过自身的行为示范，潜移默化地影响孩子，让孩子深刻领悟珍惜时间的重要性。例如，家长可以在与孩子约定的时间内完成家务、准时赴约等，让孩子亲眼看见守时的行为。

2.合理设定时间限制，培养时间紧迫感。孩子在做事情时，为他们设定科学合理的时间限制。比如，规定刷牙在三分钟内完成，根据作业量规定完成作业的时间范围。通过这种方式，逐步培养孩子的时间紧迫感，让他们学会在规定时间内高效完成任务。

3.巧用时间工具，感受时间流逝。可以为孩子提供手表、闹钟、定时器等时间工具，让他们直观地感受时间的悄然流逝。在做作业时，设定一个定时器，促使孩子在规定时间内集中精力完成作业，提高学习效率。

（二）转变教育方式，开启成长之门

1.摒弃苛刻要求，营造宽松氛围。家长在教育孩子时，要坚决摒弃过于苛刻的要求。避免让孩子在做事时被过多的程序和要求所累，应采用粗放式教育方式，为孩子创造轻松自由的成长环境。例如，在孩子整理物品时，不必要求其摆放得完全对称，只要整齐即可。

2.鼓励自主探索，激发内在动力。积极鼓励孩子进行自主探索，让他们在做事的过程中发现乐趣与价值。比如，在刷牙时，让孩子自主尝试不同的刷牙方法，找到最适合自己的方式。在做作业时，给予孩子一定的自主权，让他们自己安排时间和进度，培养自主学习能力。

3.适时给予奖励，强化积极行为。当孩子在规定时间内完成任务时，家长应及时给予适当的奖励。通过这种方式，激励孩子不断提高做事效率，强化他们的积极行为。

（三）营造良好环境，构筑成长之巢

1.选择适宜学习地点，创造和谐氛围。一年级孩子在餐桌上做作业是一个值得尝试的选择，大人可以轻声交流家长里短，但要避免大声喧哗，尤其是不要谈论孩子不喜欢的事情。孩子在有点杂音的环境中做作业是有益的，若有两三个孩子一起在桌上做作业，更能营造出良好的学习氛围。此时，爹妈可以看报纸，但切勿玩手机，以免孩子内心产生不公平感。

2.避免单独房间，融入家庭氛围。做作业不应被视为神圣不可侵犯的事情。孩子在小时候完成作业是正常的行为，不必在特定的房间进行，可以让孩子在普通的环境中做作业，如沙发前、茶几上。但如果家里有老年人，尤其是老人要在客厅看电视，可能会对孩子造成干扰。在这种情况下，一二年级的孩子只能被单独安排在房间里做作业，然而这种环境可能较为恶劣。有智慧的家长应设法克服这一问题，让孩子在家庭氛围中完成作业。

3.精心营造家的氛围，传递温暖关爱。父母在教育孩子时，首先要经营好家庭，营造出家的氛围。可以通过做饭、谈论工作、和孩子讨论学校的情况等方式，让孩子感受到家庭的温暖和关爱。在这样的环境中做作业，孩子会更加安心，也不容易出现磨叽的情况。

（四）培养兴趣爱好，绽放成长之花

1.细心了解孩子兴趣，尊重个性选择。家长要用心去了解孩子的兴趣爱好，充分尊重他们的个性选择。可以通过观察孩子的日常行为、与孩子深入交流等方式，发现他们的兴趣爱好。例如，若孩子喜欢画画，家长可以为其提供绘画工具和空间，鼓励孩子自由创作。

2.全力提供支持鼓励，助力梦想起航。当孩子对某件事情表现出兴趣时，家长要给予全力的支持和鼓励。为他们提供必要的资源和条件，让孩子在兴趣爱好中得到成长和发展。比如，孩子喜欢踢足球，家长可以陪伴孩子一起踢球，或者为孩子报名参加足球培训班。

3.巧妙结合学习与兴趣，激发学习热情。将孩子的兴趣爱好与学习巧妙地结合起来，让他们在学习中找到乐趣。例如，如果孩子喜欢骑自行车，可以让他们在骑自行车的过程中学习数学知识，如计算路程、时间等。通过这种方式，激发孩子的学习热情，提高学习效果。

一年级男孩做作业磨叽是一个复杂而多元的问题，其产生的原因涉及教育方式、心理特点以及环境因素等多个方面。家长和教育工作者应从培养孩子的时间概念、转变教育方式、营造良好学习环境以及培养兴趣爱好等方面入手，采取切实有效的应对策略。通过这些努力，可以帮助孩子克服作业拖沓的问题，提高学习效率和自律能力，为他们的未来发展奠定坚实的基础。同时，家长也要认识到每个孩子都是独一无二的，教育方式应因人而异，不能一概而论。只有根据孩子的实际情况，选择合适的教育方法，才能真正助力孩子茁壮成长。

一年级学生学习问题分析及应对策略

白凤林

本文以一位一年级学生家长的求助为案例，深入分析了孩子在学习过程中出现的写字偏旁左右不分、丢字、看错符号以及手工笨拙等问题。通过对这些问题的成因进行探讨，提出了针对性的解决策略，旨在为家长和教育工作者提供有益的参考，帮助孩子克服学习困难，促进其全面发展。

一、案例背景

一位家长反映，自己7岁多的儿子即将结束一年级的学习，却在学习过程中频繁出现各种问题。这些问题对孩子的学习效果和兴趣产生了诸多不良影响，家长希望得到专业分析和解决建议。

（一）问题表现

1. 左右不分与字体偏旁方向问题。孩子在写字和拼音时，经常出现左右颠倒的情况，对字体偏旁的方向也难以准确把握。例如，在区分"ie"和"ei""ui"和"iu"等拼音时感觉困难，即使知晓区别仍频繁出错；竖心旁、雨字等的偏旁方向容易混淆；偶尔还会把左右结构的字写反。

2. 丢字与看错符号问题。阅读和写作业时，孩子容易丢字，如丢"的""了""吗""呢"等；看错符号，在数学计算题中容易把"+""一"号看错，数字也容易看错，还会漏题。

3. 手工笨拙问题。孩子在手工方面表现不佳，涂色容易涂出线，不太容易学会手工制作，显得比较笨拙。

（二）问题成因

1. 神经系统内置 GPS 系统发育迟缓。孩子出现左右不分、字体偏旁方向不清等问题，可能是由于神经系统内置的 GPS 系统发育迟缓所致。人类在认识事物时，通常有两种记忆方式：成年人的记忆类似于 Word 记忆，可以对文件进行重新编辑，将里面的编码部分拆开来再重新组装；而小孩的机械记忆能力很强，是一种图片记忆，就像 PDF 格式不能编辑一样。孩子在记忆东西时，往往像拍照片一样，然后照着图片上的内容画下来。在镜像合成时，由于孩子的眼睛成像系统和将成像正过来的系统之间出现差错，导致左右颠倒。例如，照相机在成像时，到达凹凸镜形成的片子是倒过来的，需要再经过一道工序把它正过来。人的眼睛也有类似的两个系统，而孩子在这两个系统之间出现了问题，导致左右不分。这种情况被称为神经系统的内置 GPS 系统发育不良，部分孩子会出现左右不分、上下可分但左上右上分不清楚的情况，这与孩子的定位系统发育有关。每个人都有一个定位系统，能够通过原始地图辨认出东南西北。如果这个系统发育不良，孩子就容易出现方向感混乱的问题。

2. 诵读困难与脑功能紊乱。孩子在诵读时出现丢字的情况，很可能与大脑的某些功能紊乱存在关联。在阅读和背诵的过程中，这种现象会对孩子产生多方面的不良影响。一方面，它会使孩子阅读的连贯性和完整性受到破坏，干扰孩子对文本内容的准确理解。当孩子在阅读一篇文章时，频繁的丢字可能导致他们无法正确把握文章的主旨和细节，影响对知识的吸收和掌握。另一方面，在背诵过程中，丢字会使记忆的准确性大打折扣，增加背诵的难度，降低背诵的效率。这种情况不仅会影响孩子当下的学习任务，如语文课文的背诵、英语单词的记忆等，还可能对孩子的长期学习产生负面影响，导致学习困难。例如，在考试中，由于阅读不仔细而丢分，或者因为背诵不完整而无法准确回答问题。长此以往，孩子可能会对学习产生挫败感，降低学习的积极性和自信心。

从大脑功能的角度来看，正常的阅读和背诵需要大脑多个区域的协同工作。其中，涉及语言处理、记忆存储、注意力控制等多个方面。如果这些区域中的某个环节出现问题，就可能导致丢字等现象的发生。例如，语言处理区域的功能紊乱可能会使孩子在识别和理解文字时出现偏差，导致漏读某些字；记忆存储区域的问题可能会影响孩子对文字的记忆能力，使其容易忘记某些字；注意力控制区域的不足则可能使孩子在阅读和背诵时容易分心，从而忽略某些字。

3. 手工落后与脑功能发育迟缓。孩子手工笨拙，一方面可能是小手指的肌肉发育不良；另一方面可能是大脑神经元外部的髓鞘数目不够。在婴儿期，如果孩子是剖宫产或者营养不足，可能会影响部分脑功能的发育。在两岁左右时，孩子小手手指肌肉正好处于发育期间，如果被家长阻止用手去抓东西、捏东西等活动，会导致动手的机会减少，从而影响手指肌肉的发育。六七岁的孩子如果手部活动能力落后，可能与大脑神经元外部的髓鞘数目有关。如果髓鞘数目比较少，神经元传递信号的速度就会变慢，导致手脚不灵活。

三、应对策略

（一）针对左右不分与字体偏旁方向问题

1. 耐心教导，强化方位认知。针对有这些问题的孩子，家长和老师教生字时要有耐心，要讲清楚生字的上面、下面、左边、右边分别是什么。可以在生字上面画一个十字，将生字拆分成四个部分，分别介绍上面是什么、下面是什么、左边是什么、右边是什么。讲解完之后，让孩子不断用口语复述这四个部分的内容，有助于刺激孩子内置的 GPS 系统发育，帮助孩子记住生字。

2. 持续训练，巩固方位感。这种针对左右不分与字体偏旁方向问题的训练并非一日之功，不可能在短时间内见到显著成效，需要长时间持续不断地进行。因为孩子神经系统内置 GPS 系统的发育是一个渐进的过程，通过反复地训练和强化，才能逐步改善孩子左右不分等问题。

在日常生活中，家长和老师可以通过一些小游戏巧妙地强化孩子的方位认知。例如，在捉迷藏时，让孩子描述自己所处的位置，是在某个物体的上面、下面、左边还是右边；玩拼图游戏时，引导孩子根据图案的方位特征进行拼接。在讲故事的时候，也可以适时地插入方位的描述。比如故事中的主人公向左走遇到了什么，向右走又发生了什么……让孩子在听故事的过程中潜移默化地加深对方位的理解和记忆。通过这些丰富多彩的活动，能够有效地引导孩子在轻松愉快的氛围中注意方位，逐步提高他们对方位的认知能力，为解决左右不分等问题奠定坚实的基础。

（二）针对丢字与看错符号问题

1. 加强专注力训练。孩子丢字、看错符号可能与专注力不足有关。可以通过一些专注力训练方法，如拼图、搭积木、"找不同"等游戏，提高孩子的注意力和观察力。在阅读和写作业时，要求孩子逐字逐句地阅读和检查，培养认真细致的习惯。

2. 强化记忆训练。对于容易丢字、看错符号的内容，可以进行反复强化记忆。例如，对于容易混淆的"+""－"号，可以通过实物演示、游戏等方式，让孩子加深印象。同时，鼓励孩子多读多写，提高对文字和符号的敏感度。

（三）针对手工笨拙问题

1. 手指肌肉训练。孩子手指肌肉发育不良，可以通过一些活动进行训练。比如让孩子使用小剪刀剪纸，这对手指肌肉的要求比较高，可以有效锻炼孩子的手指灵活性。还可以让孩子玩捏橡皮泥、穿珠子等游戏，增加手指的活动量。

2. 增加动手机会。家长要避免过度保护孩子，让孩子多参与一些力所能及的家务活动，如扫地、擦桌子、整理玩具等，增加孩子的动手机会。在孩子进行手工制作时，要给予充分的时间和空间，让孩子自由发挥，不要过分干涉，孩子做得不好要多鼓励，不要批评。

　　一年级学生在学习过程中出现的左右不分、字体偏旁方向不清、丢字看错符号以及手工笨拙等问题，是多种因素综合作用的结果。家长和教育工作者要正确认识这些问题，不要过分焦虑和指责孩子。通过耐心教导、强化训练和增加动手机会等方式，可以帮助孩子逐步克服这些问题，促进孩子的全面发展。同时，要关注孩子的成长过程，及时发现问题并采取有效的解决措施，为孩子的未来发展奠定良好的基础。

第二节

班级管理护桃蕊

小学一年级特殊男孩行为的解读与教育思考

白凤林

本文通过三个有特殊行为的一年级男生的案例，深入分析他们看似出格的行为背后的原因，并以此探讨正确的教育方式。强调在孩子启蒙关键时期，应理解孩子的天性，以温柔的方式引导他们成长，而不是简单地以纪律约束。同时，也阐述了儿童思维发展的特点以及教育者应如何根据这些特点进行有效的教学。

一、案例背景

在小学一年级这个启蒙的关键时期，有一位教师带过三个特殊的男孩。他们在学校常常不遵守纪律，但这位教师选择了温柔以待，通过"哄哄骗骗""搂搂抱抱"的方式与他们相处，将他们都培养成为了优秀的孩子。尽管对于这位教师的做法，有家长和同事持有不同意见，但重要的是通过这些案例可以与读者分享其做法的理论依据。

二、孩子的基本情况

A男孩7岁，上课坐不住，爱东张西望，爱做小动作，经常钻到课桌底下，完全无法遵守课堂纪律。然而神奇的是，他看似在做小动作，但对老师提出的问题，总能给出正确答案。A男孩目前已读初中，无论多难的题目，一看就会。

B男孩读一年级时5岁多一点，上课时经常在桌子下面玩，一不注意就钻到桌子底下。有一次上数学公开课，几十位老师在场的情况下，他也往桌子底下钻，此事当时在学校被传为笑谈。男孩现在已成年，在某县政府工作。

C男孩读一年级时6岁左右，没事就在教室里面跑来跑去。教室里有一点风吹草动，如有人笔掉了，有人举手了，他总会第一个冲到"现场"。目前已读高中，是他们年级的物理状元。

三、案例分析

（一）儿童思维发展特点与行为表现的关系

1. 儿童思维与动作的紧密联系

刚进入学校读一年级的孩子，通常会有爱找人说话、爱做小动作等不遵守课堂纪律的行为。这背后有着深刻的儿童心理发展原因。小孩子在上学之前，无论是在家里还是幼儿园，都是不停说话且手脚不停，这常常让家长感到困扰。尤其是家里有两个孩子时，更是热闹非凡，甚至会影响到邻居。儿童心理学家皮亚杰指出，人类的思维是一种动作的符号化。在儿童时期，他们所看见的东西需要被符号化，而这个过程是与动作紧密相连的。比如一个小朋友说认识某个人时，会一边说一边蹦一边跳，他们是通过动作来进行交流的。

儿童的动作就是儿童的思维。在发展过程中，成年人已经完全摆脱了具体的动作，而儿童还没有完全摆脱，他们的思维水平还处于具体形象思维阶段。具体形象思维伴随着动作，因为儿童还没有完全习得一种符号，符号还没有内化，所以他们要通过手、脚和屁股的动作，将外在的动作与语言相结合。当语言逐渐内化之后，孩子们才会把动作抛弃，留下符号。

2. 小学低年级儿童的思维特点与课堂表现

儿童在小学一到三年级的时候，上课会有一个特点——喜欢动来动去。如果让小朋友讲一道题目，他们站在那里都会动动手、动动脚、动动屁股。让他们上讲台做题，他们也会一边走一边晃。这正是此时期的孩子的生理特点。此时他们正在学习符号思维，但他们还脱离不了动作，同时学校的课堂纪律又限制他们不准动，这确实有些为难孩子。大多数老师并不明白这个道理，比较强势的老师会严格要求孩子。但小孩子就是要动来动去，不让他们动，他们的脑子就不能思考，会变成傻瓜。所以，刚开学不久，如果老师跟家长反映孩子爱说话等问题，家长要理性理解老师的话，不要一味责怪自己的孩子。孩子有天性，他们要动脑筋想问题，脑子要动，而小孩子的动脑筋都是由动作来表现的。学校有课堂纪律，宣布纪律后，学生的大幅度动作会转变为小幅度动作，于是就演变成了上课时做小动作。做小动作说明他们遵守纪律，不遵守纪律的话就会有大动作。有的小孩子上着课会下来走一圈，甚至走到讲台前找老师。他们很无辜，并不是要与纪律抗争，而是真的不懂。

（二）儿童行为与学习成绩的关系

一年级的孩子爱说话、做小动作与考试成绩并没有特别的关系。有的孩子因为上课说话、做小动作，不能更好地吸收课堂知识，考试考不好；但也有孩子即使有这些行为也能学得很好，考出好成绩。上课时，如果孩子在做小动作，没有认真听讲，老师提问的时候，要反复去提醒那些上课讲话、做小动作的学生。老师不能偷懒，总是找几个聪明伶俐的孩子回答问题，而应该把问题抛给那些上课不认真听的学生，这样他们就会重视，会改变。凡是提问没有回答正确的，老师就必须当场予以重新讲解，保证学生能够说出正确答案。老师上课要保证80%以上的学生都听懂并明白所讲的概念和题目怎么做的程序性知识。

四、教育启示

（一）理解孩子的天性，温柔以待

在面对一年级孩子的特殊行为时，教育者应该理解孩子的天性，他们的思维与动作紧密相连，不能简单地以纪律约束他们。前文提到的那位教师对三个特殊男孩的温柔以待是正确的做法，抱抱他们、哄哄他们，让他们感受到关爱。这样的方式能够帮助孩子们建立安全感，促进他们的心理健康发展。而不是一味地批评和惩罚，那样可能会让孩子产生恐惧和抵触情绪，影响他们的学习兴趣和积极性。

（二）根据儿童思维特点进行教学

1. 尊重孩子的动作需求。老师在教学过程中要尊重孩子的动作需求，明白他们动脑子的时候需要伴随着动作。不能强行要求孩子一动不动地坐着，而应该允许他们有小幅度的动作。比如，可以让孩子在回答问题的时候动动手、动动脚，这样有助于他们更好地思考。

2. 关注全体学生，因材施教。老师不能只关注几个聪明伶俐的学生，而要把问题投放给所有学生，尤其是那些上课爱做小动作的学生。通过提问和及时的训练，让他们参与到学习中来，提高他们的学习效果。同时，要根据不同学生的特点进行因材施教，满足他们的个性化学习需求。

小学一年级的孩子正处于启蒙的关键时期，他们的行为表现往往有着深刻的心理发展原因。教育者和家长应该理解孩子的天性，尊重他们的思维发展特点，以温柔的方式引导他们成长。在教学过程中，要根据孩子的需求进行调整，关注全体学生，因材施教，让每个孩子都能在适合自己的环境中学习和成长。通过正确的教育方式，帮助孩子克服困难，为他们的未来发展奠定坚实的基础。

一年级教育管理的探索与实践

白凤林

本文针对一年级教育管理中面临的孩子"留级"危机、二孩难教以及班级纪律管理等问题，结合一年级孩子的身心特点，从数学科任教师的课堂管理和一年级班主任管理两个方面进行了深入探讨。通过准备先进的数学教具、注重孩子的视觉学习、培养延迟享受能力、承担责任和选择自由等策略，为一年级教育管理提供了切实可行的方法和建议，以营造良好的班级氛围，促进孩子的健康成长。

一、引言

一年级是孩子学习生涯的起点，对于他们的成长和发展至关重要。如何有效地管理一年级班级，营造良好的班风，成为了教师们关注的焦点。本文将结合实际情况，对一年级的教育管理进行深入探讨，以期为一年级教育管理提供有益的参考。

二、一年级面临的问题

（一）孩子的"留级"危机

九月份教一年级的老师，将直接面临不少孩子幼儿园毕业后又被家长安排读学前班一年的情况，这些孩子或许会有"留级"危机。留级危机是一种隐性焦虑，当出现比较的时候，会有内心悸动。

（二）二孩难教的挑战

由于国家二孩政策，各学校近几年教过二孩的同事们反映，现在的二孩难教极了，幼儿园老师也表示头疼。一年级的老师因此受到前所未有的挑战。

三、数学科任教师的课堂管理

（一）了解国内外教育现状，准备先进的数学教具

教一年级数学，教师可以根据教学内容，发掘一些国内外生动有趣的教学教具。此外，还可以了解印度、日本等国家的加减乘除方法，增加教学内容的丰富性。通过准备先进的数学教具，可以吸引孩子的注意力，提高课堂教学效果。

（二）让孩子用眼睛学习，耳朵只是辅助

对于一年级的孩子来说，更适合用视觉去学习。如果 40 分钟一

节课，让孩子至少有 30 分钟时间用眼睛观察，而不只是用耳朵听。因为孩子的注意力集中时间有限，若让孩子单纯使用听觉，注意力集中时长一般不超过 8 分钟，但视觉不同，孩子会一直盯着看。所以，一年级主要是通过看听结合的方式学习，以看为主听为辅。尤其在一年级时，孩子只听不看基本是不能理解的。

（三）教师精心备课，制作各种"稀奇古怪"的教具

每堂课每个知识点都要自己制作教具。数学老师把精心制作的教具往讲台上一放，课堂气氛瞬间就活跃起来，孩子们不交头接耳了，也不打瞌睡了，整堂课注意力高度集中。一年级的课堂，总体来说是一种策略，在 40 分钟或 35 分钟里，最重要的是吸引孩子看，要看就得提供教具。

四、一年级班主任管理

（一）延迟享受——能力的培养

1. 班主任创新管理模式，以"小法庭"强化规则意识

对于小学生的管理，尤其是一年级的孩子，班主任和任课老师的管理方式存在显著差异。班主任管理的核心在于建立明确的规章制度和秩序，为孩子们构建一个规范的行为框架。比如，班主任可以通过建立"小法庭"的方式来维护规则。当有小朋友违反规则时，就如同在法庭上被起诉一般，让其接受多人的批评。这种方式并非单纯的惩罚，而是让孩子们深刻认识到违反规则的后果。

同时，为了确保公平公正，也鼓励违纪的孩子招呼伙伴为其辩护。孩子们在辩护的过程中，不仅能够锻炼表达能力和逻辑思维能力，还能让他们更加深入地理解规则的重要性。通过这样公开的辩论，规则能够更加深入人心。孩子们在这种互动中，逐渐明确哪些行为是被允许的，哪些是被禁止的，从而自觉地遵守规则，形成良好的行为习惯和班级氛围。这种创新的管理方式，既体现了班主任的智慧，也为孩子们的成长提供有益的引导。

2. 科任教师教数学是教学问、学术，也是教做人

教育不仅仅是教知识、教学问，也是教做人。比如培养学生延迟享受的能力，对任课老师很重要。

（1）有计划地安排自己的金钱，延迟享受。如给女儿 10 块零花钱，一周的量，她会分成 10 份，每天用一份，剩下 3 块存着，有计划地安排自己的金钱，等到她的同桌过生日，她可以买一份生日礼物，这就是延迟享受。

（2）通过延迟享受来做班级管理。对于一年级的孩子，我们应给予新的奖励机制。比如，当下流行的积分制，孩子做完 10 道作业题全对积 20 分，错一道扣 2 分，一周后用积分兑换小奖励。老师还可创建升级模式，和孩子们商量级别，通过努力升级，以此培养孩子们延迟享受的能力。可以用积分来约束学生，这就是管理。

管理就是创建精神"枷锁"，这种枷锁外表好看，有花有糖，吸引孩子去获取。老师还可以每天安排同学帮班级做事，比如，请同学去办公室拿粉笔，让孩子成为老师的小助手。

延迟享受能力是现代人必备的一种能力，老师们要善于利用一切周遭可利用的资源，设计更行之有效的方法在班级管理上落实实施，培养孩子们延迟享受的能力

（二）培养孩子勇于承担责任

培养孩子的责任感，让每一个孩子都有勇于承担责任的担当。

1. 不允许个人竞争

现代社会生活流行内卷，学生们的学习更是如此。好老师不应让孩子背负过大的学习心理压力，禁止个人竞争是一个缓解压力的好办法。所以任课老师要尽早让孩子们组成学习小组。

2. 小组活动的精髓

一个教室里座位分成四列，就是四个天然的小组。每一个学生都为小组的荣誉贡献力量，既缓解了个体学生身上的压力，又能激发出他们为小组贡献力量的动力。所以，我们要鼓励学习小组之间的竞争，杜绝以个人为单位的竞争。

3. 最核心的是老师要建立一整套的规章制度

管理都是有方式和方法的，老师在这方面尤其要动一些脑筋。比如要选小组长，一月选一次。小组长要承担三件事情，收作业、统计作业、统计积分，算错了要承担责任。如得第一发表获奖感言，输了发表自责书等，这些都是非常有意义的。一套完整的规章制度，不仅能使孩子们在学校拥有良性的集体竞争环境，还能培养孩子们的

责任心和荣誉感。

4. 把无意识动作变成可执行的程序

一年级老师要教给孩子的东西很多，通过小组活动，把具体的任务分配下去。比如，谁今天做组长，组长具体负责哪些工作，都要有明确的安排和程序，越细越好。再比如，下午安排 5 名同学做卫生值日，老师要亲自指导孩子们如何扫地、擦桌子、整理教室内务。一年级老师一定要言传身教，不仅要给学生做榜样，还要把具体的工作分解成可执行的程序和步骤教给他们。比如，扫教室的地，第一步要先把椅子都搬到桌子上，第二步要挪桌子，最后再清扫地面……一年级孩子不求干净，只求会扫地程序，这才是老师要教的。

（三）培养孩子的选择能力

培养孩子的选择能力是一个重要而细致的过程，这不仅关乎他们学习生活中的决策，还影响到他们未来的职业道路、人际关系以及个人价值观的形成。一年级的老师在培养孩子的选择能力方面，可以做的事很多。比如，老师们可以发展出多个学习兴趣小组，供孩子们做选择。引导孩子们了解自己的兴趣爱好，然后通过自己的时间安排、个人喜好等多种因素做综合的考虑。

总的来说，一年级的教育管理是一项复杂而艰巨的任务，需要教师们结合孩子的身心特点，采取有效的管理策略。通过科任教师的课堂管理和一年级班主任管理的协同作用，准备先进的教具，注重孩子的视觉学习，培养孩子们的延迟享受能力、承担责任和选择自由，可以营造良好的班级氛围，提高教育教学质量。同时，教师们要避免粗暴的管理方式，采用"一对一"的批评教育方法，保护孩子的自尊心。在一年级教育管理中，教师们要不断探索和实践，为孩子的成长和发展奠定坚实的基础。

一年级班级公约
——引领孩子迈向文明与成长

白凤林

本文深入探讨了一年级班级公约的重要性及其在孩子成长过程中的关键作用。通过创建班级公约，培养孩子们的道德判断力和文明素养。文章详细阐述了班级公约的内容，包括人际关系、自我保护、知识拓展、人际交往准则以及积分奖励等方面，为一年级班主任提供了切实可行的班级管理策略，以促进孩子的全面发展，为他们的未来奠定坚实的基础。

一、引言

随着新学年的临近，一年级的孩子们即将踏入校园，开启他们的学习之旅。对于一年级的班主任来说，如何让这些无拘无束的孩子迅速适应校园生活，是一项艰巨而又充满挑战的任务。班级公约作为一种有效的管理工具，在这个过程中起着至关重要的作用。

二、班级公约的意义

班级公约的核心是唤醒孩子们对知识的渴望，并为孩子们提供一个明确的行为准则，帮助他们在学校这个小社会中学会与人相处、自我保护和拓展知识。在遵守公约的过程中，孩子们逐渐培养起良好的行为习惯和道德观念，为他们的未来发展打下坚实的基础。

三、班级公约的内容

（一）关于人际关系

1. 打招呼的重要性

进入学校后，孩子们需要学会文明礼貌，打招呼就是最基本的人际交往礼仪。然而，有些一年级的孩子到了陌生的环境会紧张，见到同学不搭理。因此，在班级公约中应明确规定，见到同学要打招呼，可以叫同学的名字，加上"你好"或"你早"。见到老师要主动问好，说"老师好"。这不仅是一种礼貌，也是培养孩子们人际交往能力的重要环节。

2. 建立友好的同学关系

在班级中，教师要构建和谐友爱的同学关系，帮助孩子们像朋友一样相处。良好的同学关系可以帮助孩子们迅速适应新环境，从而在学校更好地学习和生活。同时还能培养孩子们的团队合作精神和社交能力。

（二）关于安全意识

1. 自我保护意识的培养

自我保护意识是培养儿童身心健康成长的重要环节。尤其是对于小学一年级的孩子来说，他们正处于适应新环境、学会独立的阶段，因此，我们应该重视并帮助他们建立正确的自我保护意识和掌握必要的自我保护技能。

2. 安全教育的重要性

班主任可以通过故事、游戏等方式，向孩子们传授自我保护的知识和技能，增强他们的安全意识。同时，家长也应该与学校配合，加强对孩子的安全教育，共同为孩子的成长创造一个安全的环境。

（三）每周给同学讲一个故事

1. 拓展知识面

在一年级，刺激和促进学生认知的发展是非常重要的。可以约定每周一节班会课或其他活动时间，让孩子们讲一个故事。故事的内容不设限，可以涉及科学、历史、数学等各个领域。有能力的孩子可以写下来，类似于写一篇一两百字的小作文。不写的同学可以写个题目，也可以和要好的同学讲一个故事。通过这种方式，可以激励孩子们自己寻找资料，拓展自己的知识面，培养阅读和表达能力。

2. 培养良好的品德

在班级中，老师可以通过榜样示范、故事引导等方式，让孩子们明白尊重和包容的重要性。通过班约规定，孩子们可以学会尊重他人，理解他人的感受。同时，家长也应该在家庭中培养孩子的良好品德，让他们成为有爱心、有责任感的人。

3.培养兴趣爱好

让孩子们回家自由准备故事，他们会有一种倾向，去看一些自己喜欢的东西，从而培养兴趣爱好。例如，有的孩子可能对科学感兴趣，有的孩子可能对历史感兴趣。通过讲故事的活动，孩子们可以分享自己的兴趣爱好，互相学习，共同进步。

4.展露风采，培养自信

老师可以在班里多开展自我展示一类的活动，不必过多追求细节，只要为他们提供展示自己的舞台，就会有孩子愿意展示自己。这样的活动可以增强学生的自信心，提高认知感和价值感。还通过团队协作、组织策划等环节，提高学生们的综合素质，为未来发展打下坚实的基础。

（四）积分激励机制

1.激励学生的积极性

老师可以创造一些积分激励机制。积分可以通过交作业、准时到校等方式获取。全勤的同学可以获得全勤奖，奖一棵青菜、奖一个萝卜等。老师可以根据学生的需要，设定临时奖项。例如，如果有孩子有不交作业的记录，此后的一周如果每次作业都按时完成，就可以临时为其设置作业满勤奖，并予以一些奖励。

2.培养学生的自律能力

通过积分奖励制度，能激发出孩子们更多的学习动力和兴趣，也能给他们在学校的生活增加更多的乐趣。他们在活动中也能学会自律，养成良好的学习习惯，对他们的未来发展产生积极的影响。

四、班级公约的实施与监督

（一）明确责任，共同实施

班级公约的实施需要老师、家长和学生的共同努力。老师应该在班级中明确公约的内容和要求，向学生解释公约的意义和目的。家长也应该了解班级公约，与老师配合，共同监督孩子的行为。学生则应该自觉遵守公约，努力做到文明有礼、自我保护、积极学习。

（二）建立监督机制，确保执行

为了确保班级公约的有效执行，需要建立监督机制。可以设立班级纪律委员，负责监督同学们的行为。同时，老师也应该定期检查班级公约的执行情况，对遵守公约的同学进行表扬和奖励，对违反公约的同学进行批评和教育。

（三）及时调整，不断完善

班级公约不是一成不变的，应该根据实际情况及时调整和完善。在实施过程中，老师可以听取学生和家长的意见和建议，对公约进行修改和补充。同时，也可以根据学生的年龄特点和发展需求，不断丰富公约的内容，使其更加符合孩子们的成长需要。

一年级班级公约是帮助孩子们顺利适应学校生活的重要工具。通过创建班级公约，唤醒孩子们的学习动力，培养他们的道德判断力和文明素养。班级公约的内容涵盖了人际关系、自我保护、知识拓展、人际交往准则以及积分奖励等方面，为孩子们提供了一个明确的行为准则和发展方向。在实施班级公约的过程中，需要老师、家长和学生的共同努力，建立监督机制，及时调整和完善班级公约，以确保其有效性。相信通过班级公约的实施，一年级的孩子们将在文明、和谐的班级氛围中茁壮成长，为他们的未来奠定坚实的基础。

七岁女孩的拼写挑战

——成因剖析与应对之策

白凤林

本文深入探究一位 7 岁一年级女孩在学习中面临的拼写障碍问题。通过对其具体表现的细致阐述，结合儿童记忆特点及认知发展规律，深入剖析问题产生的根源。同时，借鉴国内外教育心理学研究成果及教学实践方法，为有类似问题的孩子提出一系列针对性的解决策略，旨在为家长和教育工作者提供有益的参考，助力孩子克服拼写障碍，实现更好的学习发展。

一、案例背景

7 岁的女孩，正处于小学一年级的学习阶段，却在这个新的征程中遭遇了诸多困扰。在幼儿园时期，她曾展现出令人惊喜的认字能力，往往一次便能轻松记住。那时候，字词就像一幅幅生动的画面，印刻在她的脑海中。然而，当她踏入一年级的课堂时，情况却发生了巨大的转变。无论是汉字还是英语单词，都仿佛变成了难以捉摸的谜团，让她难以牢牢记住。在英语学习方面，单词的识别和读法成为了她的难题。即使反复诵读很多遍，那些单词依旧像调皮的小精灵，随时可能从她的记忆中溜走。有时候，明明在某一页中刚刚认识的单词，换个地方出现，她就突然想不起来该怎么念了。汉字方面也同样令人担忧，很多时候，那些曾经熟悉的字，一旦换了个位置，就变得陌生起来，仿佛从未见过一般。家长焦急地尝试用她记得牢的单词联想新学的内容，希望能为她找到一条记忆的捷径，然而孩子却学不会这种方法，也不会灵活运用。家长陷入了深深的困惑之中，不知道问题究竟出在哪里，总感觉是孩子的记忆能力出现了问题，却又不知道如何引导她进行有效的记忆。

二、案例分析

（一）儿童记忆特点与学习方式转变之间的冲突

1. 幼儿园时期的图片记忆优势

通常而言，儿童在十岁之前，图片记忆占据着显著的优势。在幼儿园时期，孩子认识卡片或物品上的个别汉字，主要依靠的是对图像的认知，并不去解构汉字的上下左右结构。这种独特的记忆方式，就像是在孩子的脑海中打开了一扇神奇的窗户，让他们能够迅速捕捉到字词的图像，并深深地印刻在大脑中。部分孩子甚至能够将整篇课文如同拍照一般清晰地映入大脑，当老师要求背诵时，他们能够准确地提取出来。这种能力恰似原始人的记忆方式，原始人依靠对图像的深刻印象来记忆周围的世界，孩子们在这个阶段也有着类似的特点。他们的记忆如同电脑的图片储存，不能像 Word 文档那样将一个字、一句话单独提取出来进行编辑。每一个字词都是一幅生动的画面，存储在他们的记忆深处。

2. 一年级的学习挑战

上了一年级之后，老师教授认识汉字的方法发生了巨大的变化。汉字不再是完整的图像，而是被拆分成了一堆偏旁部首。这对于习惯了整体认知的孩子来说，无疑是一个巨大的挑战。他们就像是突然被扔进了一个陌生的拼图世界，那些曾经熟悉的字词变得支离破碎。有一部分孩子会感到无所适从，甚至感到恼火，因为那些字词拆分成偏旁部首之后，他们感到陌生和难以识别。

（二）汉字教学法与孩子的适应问题

1. 汉字的拆分教法

一二年级的汉字教学属于拆分教学，是一个复杂的系统。老师会将汉字拆分开来，先教偏旁部首，让孩子们认识汉字的基本组成部分，并讲解每个部分的含义和作用，再进行组合教学，让孩子们学会如何将这些部分组合成一个完整的汉字。最后，让孩子们通过不断地练习书写来巩固记忆。这种拆分教法对于一部分孩子来说，确实是一个挑战。

2. 汉字记忆的过程与挑战

一二年级的汉字教学一般会采用指读，即让孩子们对着课本，用小手指头指着字，一个字一个字地指认。这就像是在孩子的脑海中绘制一幅细致的地图，让他们逐字逐句地认识汉字的形状和含义。孩子经过多次的阅读练习，在不同的文字情景中能够认出教过的字，就表明完成了教学，孩子真正认识了这个字。但这并非所有孩子都能一下子完成，有的孩子在字的位置发生变化后就不认识了。他们需要在学校不断复习，通过反复地指认和阅读，来巩固对汉字的记忆。有研究指出，累计在 13 个不同情景中都能认出同一个字，才能说明孩子真正认识了这个字。孩子学习生字所需的时间各不相同，认字对于有些孩子来说确实是一件棘手之事。这就如同在漫长的旅途中，每个孩子都以自己的速度前行，有的孩子能够快速适应新的挑战，而有的孩子则需要更多的时间和耐心。

（三）英语单词学习与拼写障碍

1. 拼音文字的特点与挑战

小学一年级学英语单词，与学习汉字存在着类似的情况。英语单词是拼音文字，由一个个字母组成，通过不同的字母组合来发音。小学生在学前虽然能够认识一些字母，但仍然是将单词作为整体进行认知。比如看到"dog"，小孩直接念出"dog"，并不区分单个字母。到了一年级开始学习拼读时，一部分孩子就难以适应了。他们习惯了将单词作为一个整体的图像来记忆，一旦要分析每个字母的发音和作用，就感到困难重重。这就如同在一个陌生的音乐世界中，他们不知道如何分辨每个音符的旋律，从而出现了拼写障碍。

2. 拼写障碍的表现与成因

上述这种现象在教育心理学中被称为拼写障碍，是小学低年级一种常见的认知困难。具体表现为在汉字拆分学习和英语单词拼读方面都存在困难。其根本原因与孩子内置的 GPS 系统有关。对于小孩来说，他们知道上下，但左右常常搞不清楚。这就影响了他们对汉字和英语单词的拼写。上下左右对于中国人来说是一种定位系统，在生理学上被称为内置的 GPS 系统。我们能够认识地图、辨别方位，是因为将方位放入了内部的 GPS 系统中。孩子认识汉字，要拆分左上、左下、右上、右下，也必须将其放置在某个位置才能进行认知和提取。有拼写障碍的孩子，从原理上讲就是内置的 GPS 系统存在瑕疵。就像在一个复杂的迷宫中，他们找不到正确的方向。

三、应对策略

（一）补丁程序与反复强化

1. 特殊教学方法的实施

教导孩子认字时，一定要在他们面前将字拆开，然后让孩子闭上眼睛回答字的上面有什么、下面有什么，或者左边有什么、右边有什么。先教授定位，再教授偏旁部首，最后教这个字的读音。这就像是为孩子打开了一扇通往知识宝库的大门，让他们一步步地探索汉字的奥秘。通过不断重复定位系统，让孩子在脑海中建立起一个清晰的汉字结构框架，从而克服他们的拼写障碍。这种方法就如同在孩子的心中种下一颗种子，通过反复地浇灌和培育，让它茁壮成长。

2. 针对不同程度问题的强化

如果孩子的 GPS 系统缺陷较为严重，不仅左右不分，连上下也难以分辨，那么在认字时就需要不断反复巩固上下左右，要有极大的耐心。通过强化刺激来改善孩子的状况。就像学校里有些孩子弱视，是视锥细胞或视杆细胞发育不良，日常用眼时就把那只正常的眼睛遮住，或者用专门仪器让发育不良的眼睛看闪烁的小灯，不断刺激它，促进细胞的发展。同样，对于 GPS 系统有瑕疵的孩子，也需要反复训练，不断强化他们对上下左右的认知。可以通过游戏、故事等方式，让孩子在轻松愉快的氛围中学习，提高他们的学习兴趣和积极性。

（二）教育心理学实验与实践方法

1. 来自实验的启示

在教育心理学中，有专门针对有拼写障碍的孩子学汉字的实验。实验发现，对于有拼音拼写障碍的孩子，有效的方法之一是不教授写字，因为本来就存在障碍，写字可能会使问题更加严重。上下左右一旦变成了一个方块字，孩子就能记住，但对于在一条线上几个拼音字母的拼写，这些孩子就可能拼不出来。有老师会发明一些教学方法来帮助有拼写障碍的孩子。比如，可以通过图片、动画等多媒体手段，让孩子更加直观地感受汉字的结构和含义。还可以采用小组合作学习的方式，让孩子们互相交流、互相帮助，共同提高学习效果。

2. 回形针教学法的应用

在国外，有一种教学方法是给孩子发放回形针，让他们用搭积木的方式拼出字母，比如大写的"a"是什么样子，用回形针搭出来，教阿拉伯数字 时也可以采用这种方式。在搭建的过程中，孩子能够清晰地记住，因为动手过程中肌肉会有记忆。这种方式能够帮助孩子记住容易混淆的字母，而不是单纯地让孩子写字。还可以通过让孩子用手指在空中书写字母、数字，或者用彩笔在纸上画出字母、数字的形状等方式，增强孩子的肌肉记忆，提高他们的拼写能力。

7 岁女孩在学习过程中出现的拼写障碍问题，是多种因素共同作用的结果。通过补丁程序、特殊教学方法以及实践中的操作建议，如反复强化、教育心理学实验和回形针教学法等，可以帮助有拼写障碍的孩子克服困难，提高学习效果。家长和教育工作者应关注孩子的学习问题，及时发现拼写障碍的迹象，并采取有效的措施进行干预，为孩子的未来发展奠定坚实的基础。

在教育的漫长道路上，我们要理解孩子的独特之处，尊重他们的认知发展规律。每一个孩子都是一颗独特的种子，需要我们用耐心和爱心去浇灌，用合适的方法去培育。当孩子在学习中遇到困难时，我们不要急躁，不要责备，而要静下心来，深入分析问题的根源，寻找有效的解决策略。就像面对这个 7 岁女孩的拼写障碍问题，我们要通过不断地探索和尝试，为她打开一扇通往知识殿堂的大门。

让我们用智慧和关爱，陪伴孩子成长，帮助他们克服各种学习困难，绽放出属于自己的光彩。在这个充满挑战和机遇的教育时代，我们要不断努力，为孩子们创造一个更加美好的学习环境，让他们在知识的海洋中畅游，实现自己的梦想。

一年级转学儿童上学困境及应对之策

白凤林

一、一年级遇到的情况

转学儿童出现不愿意上学的现象，主要有以下表现：
1. 在幼儿园期间就有不肯入园的经历；
2. 孩子对以前的学校充满怀念；
3. 孩子声称新学校的老师太严厉，在班上也交不到朋友。

二、分析及对策

（一）对环境的恐惧，类似广场恐怖

这个孩子有过不肯上幼儿园的经历，上学之后他觉得老师过于严厉，又交不到朋友，所以对新学校感到恐惧。也许他所说的老师过于严厉只是一种臆想，因为这类有神经质恐惧的孩子，往往会将他人尤其是成年人、权威人物说的任何话都视为威胁。此外，这个孩子不能主动融入新同学和新环境，一方面可能是因为缺乏玩的技巧；另一方面可能是他不知道如何表达自己的需求和情感，也不知道如何回应他人的友好，在新环境中很容易落单。这种情况需要家长和老师的引导，帮助他学会与他人沟通与合作。

这个孩子对环境的恐惧有点类似广场恐怖症，起因很可能与监护人有极大关系。假如孩子没有受过特别的刺激或创伤，比如曾经丢失过而导致急性创伤后遗症，那么问题的根源就可能在监护人身上。

（二）过去的监护人比较敏感，在带孩子期间比较神经质

推测这个孩子小时候带他的成年人，可能是外婆、奶奶或者妈妈。这个监护人可能比较神经质，对外部世界警惕性非常高，在带孩子时表现为过度负责，甚至到了神经质的程度。这种对外部世界某种危险的恐惧直接传递给了孩子。多数情况下是这样的，具体情况也许是这个家长有些变故，不一定是直接监护人。

总之，孩子的问题与他学龄前的家庭生活密切相关。监护人的神经质可能会影响孩子的性格发展和心理健康。孩子在这样的环境中成长，可能会变得胆小、敏感、焦虑，对外部世界充满恐惧。因此，家长需要认识到自己的问题，并努力改变自己的行为方式，为孩子创造一个安全、稳定、温暖的成长环境。

（三）这个孩子需要脱敏治疗

孩子不愿意上学是一个心理问题，需要家长带着他一起进行治疗。比如，进行七八次咨询，每次让他逐渐接受陌生环境。咨询师可以创造性地设计环境，如让妈妈带着孩子一起去游乐场。但如果发现妈妈也有点神经质，特别害怕和谨慎，那么就不能让妈妈带孩子，否则孩子会更加害怕。

孩子害怕陌生环境，一是长期被监护人植入了某种观念，孩子无力抵抗，完全相信成年人所言的危险；二是在陌生环境中，监护人会有一些异常的激烈行为，这构成了孩子的双重恐惧。所以，如果监护人是有点神经质的人，孩子很难带好。可以提供脱敏疗法，让孩子去学校，可能需要陪伴，但不能是让他产生恐惧的那个人。

三、更多了解更多办法

为了更好地解决孩子的问题，我们需要更多地了解孩子的成长背景，并想出更多针对性的办法。

1. 了解监护人的性格和脾气，针对性治疗

要解决孩子的问题，就需要做更多深入的了解。比如出生后是谁带的，后来又是谁带的，最好了解监护人的性格和脾气。一般来

说，对外部世界比较谨慎的人可能是神经质的，但他们自己往往察觉不到自己的问题。了解监护人的性格特点，可以帮助我们更好地了解孩子的问题，并采取针对性的治疗措施。

2. 鼓励他和不认识的孩子玩

对于这种孩子，可以采用脱敏疗法。在成年人有意识的带领下，让孩子不断地接触新环境，比如去游乐场，鼓励他和不认识的孩子玩。通过与不同的孩子交往，孩子可以逐渐学会如何与他人相处，提高自己的社交能力。同时，也可以让孩子感受到新环境中的乐趣，减少对陌生环境的恐惧。

3. 教授孩子玩的技术和规则

像这样的孩子，找不到玩伴的原因也可能是他不会玩，玩起来还经常破坏规则、霸道、想控制别人，这些都来自监护人的不良影响。所以我们家长可以教给孩子一些玩的技巧和规则，比如，孩子可能不知道怎么玩溜溜球，家长就教他玩溜溜球的基本技巧，并让他在游戏中学会合作、分享和遵守规则，提高他的社交能力和自信心。

小学一年级学生的认知发展与学校教育

白凤林

本文聚焦小学一年级学生，深入剖析他们进入学校后认知发展的历程，以及学校教育在其中发挥的关键作用。本文对学校作为信息场对学生认知过程的启动、课程设置及教学管理对认知要素的训练和人际互动中的模仿学习对认知发展的推动进行全面探讨，揭示了小学生在学校环境中认知得以飞速发展的缘由及机制。

认知是一个复杂的过程，涵盖了感觉、知觉、记忆、思维、想象和语言等多个维度。小学一年级的学生踏入学校后，便置身于一个庞大的信息场中，学校的各类教育活动对他们的认知发展产生着深刻且长远的影响。本文旨在细致分析一年级学生在学校里的认知发展状况，为优化学校教育提供有价值的参考依据。

一、学校是认知发展的关键场所

（一）学校作为信息场

学校从学习的视角来看，无疑是一个巨大的信息场。这里汇聚着一群老师，他们分别承担着不同的课程教学任务，面向学生进行集体授课。学生迈入学校，走进教室，聆听老师讲课，从而接触到海量的信息。这些信息并非静止不动，而是通过老师的教学活动动态地传递给学生。学校的教学过程要求学生做出应答，这种应答促使学生深入到学校的学习活动中，同时也全面启动了他们的认知系统。学生的感觉、知觉、记忆、思维、想象和语言在这个过程中得到持续的训练与发展。

学校是一个充满活力的信息场，孩子在与其互动中获得全方位的成长。例如，老师在课堂上的提问，就是一种信息的传递和要求回应的方式。学生为了回答问题，必须集中注意力，运用记忆能力记住相关信息，同时进行思考以给出合理的答案。这种过程有效地刺激了孩子的记忆能力，也让他们的注意力更加集中。

（二）课程设置与认知训练

学校的课程涵盖了众多学科，如数学、物理、化学、历史、地理、英语等。每一门学科都拥有其独特的概念、规则和策略。学生通过对这些学科的学习，逐步掌握其中的知识，进而推动自身认知能力的发展。

以物理学为例，老师在授课时会通过实验让学生仔细观察，充分激活学生的感觉和知觉。比如，哈佛的物理学教授在讲解钟摆的惯性时，在课堂上进行实验，让学生观察悬在空中的球的运动轨迹。学生通过亲自观察，深刻理解物理学的相关概念；同样，在学习生物学时，学生可以阅读法布尔的《昆虫物语》，书中详细描述了各种昆虫的生活习性，为学生展现了一个丰富多彩的生物世界。在这个过程中，学生为了获取知识，必然要运用感觉、知觉、记忆和思维等认知要素，从而使这些要素得到有效的训练。

学校课程以其独特的方式，在教学展开的过程中，向学生传授知识。学生为了获取这些知识，必须启动感觉、知觉、记忆、思维等认知过程。例如，在学习语文课文中关于昆虫的内容时，学生通过阅读法布尔的原著，仔细阅读书中对昆虫生活习性的详细描述，激活了自己的感觉和知觉。在感知的基础上，学生深深印刻这些知识，并进行思考、猜测等思维活动，从而使自己的认知能力得到锻炼和提升。

（三）教学管理与反省认知

学校的课程管理，包括复习、考试和成绩公布等环节，对学生的认知发展起着重要作用。考试成绩会促使学生对自己的学习情况进行反省，激活反省认知。当学生考得不理想时，老师、同学和自己都会共同寻找原因。这个过程就是认知过程中的反省环节，通过反省，学生能够发现自己的不足之处，进而调整学习方法，提高学习效果。

学校的课程管理不仅是对学生学习成果的检验，更是对学生认知发展的一种促进。例如，在复习过程中，学生需要回顾所学知识，运用记忆和思维能力进行整理和总结。考试则是对学生知识掌握程度和认知能力的一次全面检测。成绩公布后，学生可以进一步了解自己的优势和不足，从而激发进一步学习的动力。

二、人际互动是认知发展的新动力

学校不仅是知识的传播场所，还是一个人际关系的交际圈。一年级的学生进入学校后，很快就会察觉到同学之间的差异，比如男生和女生在外貌、行为等方面的不同。在这个过程中，学生之间会产生互动，其中最为重要的就是模仿学习。

例如，一个孩子在玩某种游戏或玩具时，其他孩子看到后会心生好奇，也渴望尝试。为了能够玩这个东西，他们会向同学学习，甚至购买相同的玩具。在公共汽车站台上，一个孩子跳起网络舞蹈《科目三》，其他孩子也会纷纷跟着一起跳。这种模仿学习在小学生中极为常见，它需要学生展开整个认知过程，仔细观察、认真学习并模仿同学的行为。

学生之间的模仿学习不仅局限于游戏和娱乐活动，还延伸到学习和生活的各个方面。比如，有的同学在学习上有好的方法，其他同学会模仿他的学习方式；有的同学在生活中有良好的习惯，其他同学也会效仿。这种模仿学习不仅丰富了学生的学习和生活经验，还促进了他们的认知发展。

多维的互动不仅丰富了学生的课余生活，还极大地促进了他们的认知发展。在学习和游戏的过程中，学生需要运用多重认知要素，同时还需要与他人进行交流和合作，这进一步锻炼了他们的社交能力，培养了团队协作精神。

三、认知发展的综合作用

（一）课程与人际互动的协同效应

学校的课程教学和人际互动相互作用，共同推动学生的认知发展。课程设置通过传授知识，激活学生的感觉、知觉、记忆、思维等认知要素，而人际互动中的模仿学习则进一步强化了这些要素的运用。

学生在学习过程中，不仅要掌握学科知识，还要学会与他人交流、合作和模仿，从而全面提高自己的综合素质。例如，在学习生物学的过程中，学生通过阅读课本和观察实验来掌握生物学概念。同时，他们在与同学的交流中，可能会分享自己对某种昆虫的观察心得，或者一起讨论实验结果。这种互动不仅加深了学生对知识的理解，还培养了他们的合作能力和沟通能力。在这个过程中，课程教学为学生提供了知识基础，而人际互动则为学生提供了实践和应用知识的机会，两者相互促进，共同推动学生的认知发展。

（二）认知发展的全面性

小学一年级学生在学校中的认知发展是全方位的。在感觉和知觉方面，学生通过观察实验、阅读书籍、观察同学的行为等方式，不断丰富自己的感知经验。例如，在科学课上，学生通过观察实验现象，感受自然的奇妙；在阅读课上，学生通过阅读各种书籍，拓宽自己的视野；在记忆方面，学生需要记住老师讲授的知识、同学的名字、游戏规则等信息；在思维方面，学生要思考问题、解决难题、分析实验结果等；在想象方面，学生可以通过阅读故事、画画、玩游戏等活动发挥自己的想象力；在语言方面，学生要与老师和同学交流，表达自己的想法和感受，提高语言表达能力。

小学一年级学生进入学校后，学校为他们的认知发展提供了丰富的资源和广阔的空间。课程设置及教学管理通过传授知识和激活认知要素，有力地促进了学生的认知发展。人际互动中的模仿学习则为学生提供了新的学习动力，强化了对认知过程的运用。学校教育应充分发挥课程与人际互动的协同效应，高度关注学生认知发展的全面性，为学生的成长创造良好的环境。

在未来的教育实践中，我们可以进一步优化课程设置，增加实验教学和互动式教学的比重，激发学生的学习兴趣和主动性。同时，要高度重视学生之间的人际互动，鼓励他们互相学习、合作和交流，培养他们的社交能力和团队精神。此外，教师要密切关注学生的个体差异，为不同认知水平的学生提供个性化的教育服务，帮助他们充分挖掘自身的潜力。

总之，小学一年级学生的认知发展是一个复杂而又充满活力的过程，学校教育在其中起着至关重要的作用。通过深入研究学生的认知发展规律，我们可以更好地优化学校教育，为学生的未来发展奠定坚实的基础。

剖析青少年成长案例
——洞察教育责任与引导方向

白凤林

在教育的广阔天地中，教师如同航海中的灯塔，为学生指引着成长的方向。在漫长的教育征程里，教师们常常会遇到各种各样的学生案例，而这些案例背后往往蕴含着深刻的教育启示。本文将深入探讨一个六年级女生的案例，通过对其家庭背景、成长变化以及教育责任的细致分析，为广大教师提供有益的思考与借鉴。

一、案例背景

（一）特殊家庭环境中的女孩

有一个六年级的女生，家庭状况较为特殊。她的妈妈常年在外打工，家里只有奶奶照顾她。女孩在三年级之前充满灵气，成绩也不错。然而，从四年级起，妈妈不再回家，奶奶脾气也越来越坏，总是爱骂人。在这样的家庭环境下，孩子逐渐发生了变化。她在家总是玩手机，变得不爱做作业，经常不梳头、不洗脸，整个人的长相似乎都变了，曾经的灵气也消失不见。

（二）家庭因素的影响

这个女孩生活在特殊的家庭环境中，妈妈的长期缺席对孩子影响重大。在孩子成长过程中，母爱至关重要。妈妈的关怀、鼓励和引导，对孩子的身心健康和全面发展有着不可替代的作用。但由于妈妈常年在外，孩子无法享受温暖的母爱，可能会感到孤独、失落，缺乏安全感。在重要的成长节点上，妈妈的缺席可能让孩子迷茫和无助，不知如何面对和处理问题。

奶奶的不当教育方式也给孩子带来诸多困扰。奶奶可能因年龄、观念等原因，在教育孩子方面存在局限性。她更注重孩子的基本生活需求，保证孩子有吃有穿，但对孩子的心理需求和情感发展关注不够。不太懂得引导孩子树立正确价值观、培养良好学习和生活习惯。奶奶爱骂人，会给孩子带来不良影响，孩子可能模仿不良行为，或产生心理压力和抵触情绪。妈妈的长期缺席和奶奶的不当教育方式，使孩子在成长中缺乏足够关爱和引导，可能导致孩子情感脆弱、行为偏差，影响学习积极性和成绩。家庭因素对孩子成长影响深远，需引起重视和关注。

二、心理学视角下的成长阶段

从心理学角度看，人的一生在不同阶段呈现出不同特点。七岁通常是启蒙时期，儿童期的孩子尚未建立完善自我。到了十岁左右，孩子开始建立自我。进入学校后，生活环境发生重大变化，接触更多人和事物，学会与同学相处、遵守规则、接受知识传授，逐渐形成价值观、兴趣爱好和个性特点。随着年龄增长，孩子在不同阶段面临不同挑战和机遇。幼儿期主要通过与家人互动认识世界，小学阶段学习成为重要部分，青春期面临身体和心理巨大变化。每个阶段都有独特发展任务和需求，需要家长、老师和社会给予关注和引导。

三、学校中的人际关系与自我构建

学校如一个小社会，孩子们在这里与同学交往，开启重要社交历程。同学之间的交往丰富多彩，有欢声笑语，也有小摩擦。在这个过程中，变化悄然发生。从一年级开始，孩子们开始建立自我体系，包含抽象和物质的东西。他们会比较老师的能干程度，也会比较拥有的物品。到了三年级，这种比较更加明显，孩子更关注自己在同学中的地位和形象，通过比较确定优势和不足，调整行为和态度。

同学之间的比较并非完全消极，能在一定程度上激发竞争意识，促使孩子努力提升自己。但过度比较可能带来压力和焦虑，当孩子发现自己某些方面不如同学时，可能产生自卑情绪，影响自信心和学习积极性。老师和家长需关注孩子在学校的比较行为，引导他们正确看待自己和他人，避免过度比较带来负面影响。

零花钱对孩子来说也很重要。零花钱不仅是物质财富，更是孩子构建自我的重要通用物品。孩子可以用零花钱购买喜欢的东西，满足物质需求，也可作为与同学交往的方式，如分享零食、购买小礼物等。在这个过程中，孩子学会管理和使用金钱，培养理财能力。家长和老师应引导孩子树立正确的金钱观，明白零花钱的真正意义在于满足合理需求，而非炫耀或攀比，同时关注孩子零花钱的使用情况，避免养成不良消费习惯。

学习成绩的好坏也会对孩子建立自我产生很深的影响。取得好成绩时，孩子会自豪自信，对学习充满热情和动力；成绩不理想时，可能沮丧自卑，甚至抵触学习。老师和家长应帮助孩子树立正确的成绩观，要告诉孩子，成绩虽重要，但不是评价学习成果的唯一标准，更不能把成绩作为自我评价的标准。老师和家长应关注学习过程，鼓励孩子努力进取，而非只看重成绩，帮助孩子正确看待成绩起伏，从失败中吸取教训，提升学习能力和综合素质。

四、案例中女孩的变化原因

（一）自我意识发展与物质比较

案例中的女孩在三年级之前充满灵气，天真可爱。到了三年级，自我意识发展，女孩开始关注自己拥有的东西。拥有引以为傲的物品会骄傲自信，如精美的画册、漂亮的文具盒或崭新的运动鞋等，会在同学面前展示，享受羡慕目光。若没有有价值的物品，会产生自卑情绪，觉得自己不如别人，在交往中变得小心翼翼，甚至刻意回避一些场合。

自我意识的发展和物质比较是孩子成长的一个阶段，他们通过与他人比较来探索自己与世界的关系，确定自己的位置。家长和老师需引导孩子正确看待物质拥有和自我价值的关系，让他们明白真正的价值在于自身品德、才能和努力。

（二）家庭经济条件与形象管理

女孩家庭经济条件不太好，与其他同学相比，没有足够的零花钱买喜欢的东西，也没有好看的衣服打扮自己。又由于照顾她长大的奶奶，只注重基本生活需求，对孩子的形象问题关注较少。所以，女孩在与同学们的比较中感到了自卑和失落。

然而，家庭经济条件并非决定孩子价值的唯一因素。家长和老师可以通过教育引导，让孩子明白内在品质的重要性。同时，要帮助孩子在有限条件下，通过努力和创造力提升自信心。比如教孩子整理衣物、保持个人卫生，让自己更精神自信。

（三）奶奶与妈妈的教育差异

奶奶和妈妈在教育孩子时的方式和重点不同。妈妈通常对孩子前途负责，更关注学习和成长，鼓励孩子努力学习、追求梦想。奶奶则更多保证孩子有吃有穿，不太关注形象和学习。孩子可能因缺乏正确引导而变得不自信，不做作业，不梳头洗脸。

但奶奶的教育方式并非错误，她的关爱和照顾也是孩子成长不可或缺的部分。孩子的成长需要更多元的教育方式。家长可通过沟通协调，让奶奶和妈妈的教育方式相互补充，共同为孩子的成长创造良好环境。老师也可在学校给予更多关注和引导，帮助孩子树立正确价值观和学习态度，提升自信心和自我管理能力。

五、成长变化的正常性

（一）容貌关注的阶段性

女孩子一般到了十岁以后容貌上会变得没有灵气，这是成长过程中的正常变化。低年级时，孩子不太关心容貌，更热衷于探索世界、玩耍和与小伙伴互动，对容貌概念模糊，不会花心思打扮或关注外貌。到了六年级，随着青春期临近，孩子开始关注外在形象，在意穿着打扮、发型等，希望通过外在改变展现个性和魅力。这种变化是自然现象，反映孩子对自我认知的深化和对社会认同的追求。

家长和老师应关注孩子对容貌在意的程度，若孩子过于注重外表，可能影响学习和身心健康。需引导孩子树立正确价值观，明白真正的美在于内在品质和修养。

（二）遗传因素的影响

孩子的智力水平与遗传有关，遗传在一定程度上决定智力基础，但教育并非无能为力。良好教育可挖掘孩子的潜力，帮助他们在自身基础上取得更好发展。若家里没有父母管教，尤其是母亲的管教，这是因为母亲在孩子成长中扮演重要角色，其关爱、指导和榜样作用对孩子生活习惯和自我管理能力的培养有重要影响。

孩子的相貌也受遗传因素影响，但并不是绝对的。良好生活习惯、健康饮食和适当运动可对孩子外貌产生积极影响。内在气质和修养也能提升整体形象。家长和老师应引导孩子关注内在品质，培养自信和自尊，明白真正的魅力来自内心的丰富和强大。

六、老师在教育中的作用

（一）对学生衣着外观的指导

老师在教育中起着至关重要的作用。在日常教学中，老师也需关注学生衣着外观，帮助学生们培养良好的生活习惯和自我管理能力。比如，看到孩子衣服脏了、头发脏了，应督促其保持个人卫生并引导学生选择适合的服装，塑造整洁得体的形象，展现积极向上的精神风貌。

在一些特殊的家庭环境中，由于家长疏忽等原因，孩子可能得不到足够关注和指导。这时老师的作用更加凸显，需给予关注和指导，帮助孩子认识保持整洁和良好形象的重要性。通过日常提醒和教育活动，促使孩子们养成良好卫生习惯和自我管理能力。

（二）老师的素质要求

作为老师应不断提升自己的综合素养，其中包括道德品质、文化素养、教育教学能力等。为学生树立良好榜样，理解学生心理需求，传递积极的价值观和审美观念。为孩子们提供温暖而专业的心理支持和引导。只有这样，才能更好地履行教师职责，为学生成长发展提供有力支持。学校和社会也应提供更多培训和发展机会，帮助老师提升专业水平和综合素质。

在这个案例中，小女孩在特定年龄阶段的表现是正常的。教师们需理解这些变化，承担起教育责任，为孩子的成长提供更好的引导和支持。面对类似案例，教师应从心理学角度理解学生成长阶段，关注学校人际关系对学生自我构建的影响，认识家庭因素在学生成长中的重要作用。充分发挥在教育中的作用，对学生衣着外观进行适当指导，关注生活细节，给予足够关爱和引导。只有这样，才能更好地帮助学生健康成长，为他们的未来奠定坚实基础。

第四章

桃规校园文明风

构建"三四五"评价策略，培育全面发展人才

陈爱河

　　近年来，酉阳自治县桃花源小学深入贯彻中共中央、国务院印发的《深化新时代教育评价改革总体方案》精神，借力成渝地区双城经济圈教育协同发展机遇，围绕立德树人目标，坚持"桃花朵朵开"办学理念，建立"桃花朵朵开"学生综合素质多维评价体系以及过程评价机制，提高学校全面育人质量，促进学生全面发展、学校高质量发展。

一、特色党建，引领教学高水平发展

　　学校牢记"为党育人、为国育才"神圣使命，按照"好品牌、好理念、好课程、好队伍、好生态"工作思想，创建基层党建示范点，全力打造"桃花朵朵开"党建品牌，引领学校有序发展。

　　学校以"1+3+12"德育序列行动、"1+30+N"课程构建行动、"1+5+20"师资培养行动三大行动为载体，推动党建与教育教学全面

融合，以党建引领教育教学高质量发展。

2022年，学校被评为重庆市清廉试点示范学校。2023年，重庆日报专题报道了《酉阳桃花源小学：解锁特色育人"密码"朵朵桃花精彩绽放》，酉阳报专版报道了《构建"135"党建工作体系，打造"桃花朵朵开"党建品牌》。

二、实施"综合性"评价，全面发展盈桃果

（一）从"五个维度"建立评价体系

学校遵循教育部《义务教育质量评价指南》有关要求，深度整合"桃花朵朵开"的办学理念，推行学生成长档案记录制度，从思想品德、学业水平、身心健康、艺术素养、社会实践五个维度，实行"等级＋评语""等级＋特长"的评价模式，建构了科学合理的桃花源小学校"桃花朵朵开"学生综合素质评价体系。

思想品德：热爱祖国、遵纪守法、团队精神、明礼诚信、自尊自立、乐于助人、孝敬父母。

学业水平：喜欢阅读、规范写字、课堂专心、不懂就问、成绩优良。

社会实践：热爱科学、喜欢劳动、乐于实践。

身心健康：营养饮食、热爱运动、乐观上进、习惯良好、珍爱生命、关注安全。

艺术素养：讲普通话、爱好艺术、艺术特长。

（二）以"四种方式"落实评价措施

围绕《桃花源小学校"桃花朵朵开"学生综合素质评价表》学校构建了以学生自评、生生互评、教师评价、家长评价的多元评价方式。在学生自评中促进反思总结，在学生互评中促进相互帮助，在教师评价中体验成功喜悦，在家长评价中提升家校共育的参与度和满意度。

（三）用"两个工具"作为评价手段

学校以两个工具作为对学生评价的主要手段。一是研制了《桃花源小学校"桃花朵朵开"学生综合素质评价表》，固定在教室后墙，每周对学生的表现进行过程性评价；二是研制了《桃花源小学校学生综合素质评价报告手册》，对学期的整体表现进行总结性评价，建立学生成长档案。

三、优化课程体系，推进"五育并举"

学校以课程为核心，基础课程实施校本化，拓展课程实施多元化，围绕培养目标，逐步构建起适合学生发展的"桃花朵朵开"课程体系。内容包含"培根课程——语数活动、启智课程——科学活动、润心课程——艺术活动、铸魂课程——综合实践"。每一方面的课程都由基础课程和拓展课程组成，每一类课程都力图办出特色，让学生喜欢，适应学生个性发展需求。

四、坚持"基础＋特色"，体育美育润桃心

按照"基础＋特色"，做细延时管理。

学校严格执行学生体质健康合格标准，大力实施美育提升行动，开齐开足体育、音乐、美术、书法课程。让每位学生掌握 2 至 4 项体育技能。结合教师特长和学校实际情况，按照"基础＋特色"的原则，因地制宜，整合优化，突出特色，科学规划安排课后服务课程，设置足球、篮球、巴乌、合唱、舞蹈等特色艺术课程，确保延时服务开展有序，执行有力，实施有效，做到生生有参与，天天有训练，周周有赛事。

五、书写"桃花源记"，建设书香校园

细化课外阅读方案，把开展读书活动作为一件大事来抓，引导师生养成爱读书、读好书、善读书的习惯，师生同写"桃花源记"读书笔记，实施晨诵、午读等读书活动，广泛开展经典诵读，亲子阅读，师生共读，每班上好阅读"三课"，即读前指导课，读中推进课，读后分享课，着力构建桃花源小学课外阅读"三位一体"阅读教学体系，营造良好的读书氛围。学校被评为"重庆市十佳书香校园"。

六、采取"软硬兼施"，品味书法魅力

聘请书法教师，采取"软硬兼施"，落实一至二年级硬笔书法课

堂教学，三至六年级硬笔和软笔兼修。教师要夯实课堂写字训练，系统地给学生传授硬笔书法基础知识和技能，积极引领教师参加毛笔、硬笔书法学习培训，尝试创作和参加县级及以上各类书法赛事活动，编印书法校本课程，不断优化书法课堂教学，开展书法比赛活动。学校被评为"重庆市书法实验学校"。

七、巩固篮球足球，彰显学校特色

继续巩固篮球、足球成果，编印篮球、足球教学校本课程，认真组建训练团队，合理安排训练时间，力争在各类赛事活动中取得优异成绩。

学生 2 次获重庆市小学生校园足球总决赛二等奖，12 次获县级足球竞赛一等奖，8 次获县级篮球竞赛一等奖。学校先后被评为"全国青少年校园足球特色学校""全国青少年校园篮球体育传统特色学校"，办学特色充分彰显。

桃花源小学实施的评价改革得到各方认可。班主任李艳老师说，学校给我们老师松了绑，我们可以放开手脚、大力培养学生各种特长，不再重智育轻德育、不再重分数轻素质。

冉力文家长说，现在孩子回家不用做书面家庭作业啦，孩子的负担轻、课外阅读时间更多啦，回家能主动帮助家长做力所能及的家务，作为家长不用担心孩子的身心健康问题、孩子们发展更全面，令人期待！

（发表于 2024 年 5 月 21 日《重庆科技报》）

新时期如何抓好德育工作的思考

陈爱河

摘要：党的十九大报告确立了党的新的教育方针：坚持教育为社会主义现代化建设服务、为人民服务，把立德、树人作为教育的根本任务，全面实施素质教育，培养德智体美全面发展的社会主义建设者和接班人，努力办好人民满意的教育。习近平总书记在全国教育大会上也明确指出，"培养什么人，是教育的首要问题"。作为一个基层教育工作者，我也明白教育的初心是"育人"，使命是"我们的教育必须把培养社会主义建设者和接班人作为根本任务，培养一代又一代拥护中国共产党领导和我国社会主义制度、立志为中国特色社会主义奋斗终身的有用人才"。因此，作为一个教育工作者，应该明白为谁培养人，怎样培养人的问题，学生的德育教育异常重要。

关键词：德育；工作；思考

一、加强学习，提高认识，担当使命

教师是人类灵魂的工程师，是人类文明的传承者，是学生的引路人，是学生人生的楷模，肩负塑造灵魂、塑造新人的重任。因此，作为教师，要高度重视学生的德育教育工作，加强学习，提高自身教育能力，清楚德育教育内容，习近平总书记在全国教育大会上的讲话、《中小学德育工作指南》《中小学生守则》等为我们提供了学习的内容，是我们抓德育工作的方向标、指南针，我们要认真研读，深刻领会，真抓实干，真正担负起为中华民族伟大复兴培养合格的建设者和接班人的历史使命，不辜负党和人民赋予我们的职责。

二、加强队伍建设，提高德育工作专业化水平

要抓好德育工作，干部教师队伍是关键。学校领导要重视德育队伍建设，要优化队伍结构，要建设一支信念坚定、业务精湛、能吃苦耐劳、有奉献精神的干部教师队伍，建立激励和保障机制，调动工作积极性和创造性，完善考核细则，在评职晋级、评先选优、参加培训等方面制定优惠政策，使工作突出者得到充分肯定，对工作滞后者进行惩戒，使老师们人人愿当班主任，当好班主任，从而稳定德育教育工作队伍。同时，要做好德育工作队伍的培训工作，提高队伍素质，增强其事业心和责任感，使德育工作有条不紊，提高德育工作专业化水平。

三、细化工作措施，使德育工作落到实处

习近平总书记在全国教育大会上讲，培养人要在 6 个方面下功夫，即要在坚定理想信念、厚植爱国主义情怀、加强品德修养、增长知识见识、培养奋斗精神、增强综合素质上下功夫。由此，我们在德育工作中，必须细化工作措施，使德育工作落到实处。

1. 抓好常规"养成教育"，做好育人工作

认真抓好学生文明礼仪、优良习惯养成，学校利用集会，各班利用班会、队会对学生进行文明礼仪的教育，抓好"五件事"（即讲文明：对人有礼貌，尊敬师长、来宾，主动问好；讲秩序：上下楼梯靠右行、集体活动得快静齐；讲卫生：不乱吃不乱扔，节约不浪费；讲纪律：遵守校纪班规，遵守《守则》《规范》；讲诚信：对人诚实，爱护公物，不破坏花草树木，学会感恩，积极参加社会实践活动和公益劳动），

做好"七种人"（即做文明人：说文明话，行文明事；做读书人：多读书，读好书；做卫生人：个个是形象，吐痰不随地，垃圾不乱扔，涂画不去干；做健康人：每天锻炼一小时，健康工作五十年，幸福生活一辈子；做安全人：违规食品不去吃，上下楼道不拥挤，管制刀具不去摸，排队放学不乱窜；做爱心人：公共设施不破坏，花草树木不去毁，父母长辈要尊敬，关心弱小是美德；做精神人：树远大理想，励志坚强，努力拼搏），组织学生干部成立检查小组，不定期地检查学生的卫生习惯、课间养成习惯等。消除学生乱扔垃圾、踩踏花草、课间不文明、习惯差的陋习；对自觉捡垃圾、自觉管护花草的学生进行通报表扬，培养学生良好的道德素质和文明习惯。

2. 以"三自教育"为目的，强化自主管理

加强《中小学生守则》《中小学生日常行为规范》、社会主义核心价值观教育，做到"自主、自律、自觉"，达到知行合一，对《守则》《规范》、社会主义核心价值观教育内化于心、外化于行，组织学生干部对落实情况进行检查考核。从大处着眼，小处入手，强化学生规范意识教育，少先队大队部成立文明礼仪监督岗、卫生工作监督岗、安全工作监督岗等，使学生成为自主管理的主人。

3. 以"主题教育"为载体，让德育活动精彩纷呈

要精心设计、组织开展主题鲜明、内容丰富、形式多样的主题教育活动，班级一周一主题，学校一月一主题，以活动为载体，促进学生良好品德的形成。主题的内容要围绕"理想信念教育""社会主义核心价值观教育""中华优秀传统文化教育""生态文明教育""心理健康教育"，充分利用传统节日、纪念日、重大庆典日等开展主题教育活动，拟定活动方案，有序开展工作，做到活动序列化，让学生在活动中有收获，从而培养学生坚定理想信念，厚植爱国情怀，增强品德修养，汲取传统文化，树立良好价值观念，形成文明生活方式，培养健全人格和良好个性品质。同时，适时开展一些社会实践活动，培养学生的社会责任感、创新精神和实践能力。

4. 以"制度管理"为抓手，确保工作落实到位

根据学校实际进一步修改和完善各项管理制度。如《德育工作制度》《环境卫生管理制度》《升旗制度》《学生日常管理制度》《班主任培训制度》《班主任月考制度》《优秀班级评选条件》《优秀学生干

部评选条件》《值周教师制度》《卡片奖励制度》等十多项制度。签订各种不同工作人员责任书，实行"一岗双责"，分工明确，责任落实，极大地调动广大德育工作者的积极性、主动性和创造性。完善《班主任工作考核细则》，定期采用学生座谈会、问卷调查等形式，加强对班主任工作的考评。根据考核得分评选年度优秀班主任和先进班集体。组织实施名师德育工作者工程，举行班主任论坛、班主任工作技能竞赛，全面提高班主任的工作技能和业务水平，培养出一批德育新秀、德育能手、德育工作带头人和知名班主任，积极做好各级各类优秀班主任的推荐工作，建立"优秀班主任"工作室。

5. 抓好校园文化建设，突出环境育人功能

根据学校办学理念，因地制宜开展校园文化建设，做到校园秩序良好、环境优美，校园文化积极向上、格调高雅，使校园一草一木、一砖一石都体现育人的功能，让校园处处成为育人的场所。同时要加强班级文化建设，按学校标准规范布置教室，教室做到"八有"（《名言警句》《五件事、七种人》《班规》《守则》《班干部名册》《安全卫生十不准》《学习园地》《图书栏》）；有"三表"（课表、作息时间表、值周值日表）；有"一簿一册一角"（好人好事登记簿、点名册、卫生角）；"四无"（无污迹、无杂物、无蛛丝、无乱涂乱画）。对教室室内外文化的布置要求新颖独特，具有儿童气息，具有教育启发性。

6. 强化课程育德，发挥课堂育德主渠道作用

要充分发挥课堂教学进行德育的主渠道作用，要充分挖掘各门课程蕴含的德育内涵，精心设计教学内容，优化教学方法，发展学生道德认知，注重学生的情感体验，达到知识传授的同时，又达到对学生情感、态度、价值观教育的目的，以期达到学生热爱中国共产党、热爱祖国、热爱人民，认同中华文化，继承革命传统，弘扬民族精神，树立法治观念，热爱劳动，意志坚强，尊重他人，善于合作，身心健康的良好品质。

7. 发挥家校共育，构建德育教育网络

实现学校教育、家庭教育、社会教育的和谐统一，营造大德育环境。德育工作是一项系统工程，它不只是学校的事，还具有广泛的社会性，学校要主动同家长及社会各方面密切配合，使学校教育、家庭教育、社会教育紧密联系，形成合力，积极营造大德育环境。一

是落实家访工作，办好家长学校。要求组织 1~2 次较大影响的家长会，每学期班主任的家访率要求达 80% 以上，力争全学年普访率达100%；二是加强警校共建文明活动。联合法制副校长落实"交通安全学校"与"学校毒品预防教育"各项工作；三是继续抓好德育阵地建设，构建校内外德育网络，组织好学生参加社会实践活动和课外活动，全面提高学生素质；四是全面启动家长学校工程。坚持"请进来走出去"的原则，通过家长学校家访等形式，同学生家长经常联系，紧密配合，聘请有经验的教师、家长代表来学校讲座，普及家庭教育知识，建立家校联系卡，对学生进行跟踪教育。让家长学校成为我校与家庭联系的纽带，成为学校教育和家庭教育交流的桥梁，融洽家校关系，形成学校工作家长支持，家庭困难学校帮助的良好局面，共同促进学生的良好品质的形成。

四、强化组织领导，落实评价机制

学校高度重视德育工作，要把中小学德育工作作为党的建设的重要内容，摆上重要议事日程，学校党组织要充分发挥政治核心作用，切实加强对学校德育工作的领导，把握正确方向，推动解决重要问题。校长要亲自抓德育工作，规划、部署、推动学校德育工作落到实处。学校要完善党建带团建机制，加强共青团、少先队建设，在学校德育工作中发挥共青团、少先队的思想性、先进性、自主性、实践性优势，要将德育工作开展情况纳入班级管理的重要内容，建立好德育工作评价体系，认真开展学生的品德评价，建立学生综合素质档案，做好学生成长记录，反映学生成长实际状况。学校对德育工作开展情况进行考核，以此达到德育工作不停留在口头上，真正培养好德智体美劳全面发展的社会主义建设者和接班人。

参考文献

[1]冀晓萍.《中小学德育工作指南》专家解读[J].人民教育,2017(18):48-52.

身份与规则　坚持与希望

白凤林

　　回到了久违的课堂，孩子们在独立完成练习，我的目光最先落在小墨身上，他拿着笔在写字，我长舒了一口气。

　　都三年级了，9 岁的小墨目前还不能跟其他孩子一样正常地学习，但只要他拿着笔在写，就说明他没有放弃自己。对这个孩子的教育，还有很长的路要走，也许还有更大的困难在等着我，但只要小墨不放弃，就有希望。

一、案例介绍及分析

（一）案例介绍

1. 基本情况

　　小墨，9 岁男孩，就读小学三年级。刚开始他在我的课上做小动作，不愿意完成课堂作业。课上课下，我没少花费精力，效果始终不明显。经过一段时间的引导，小墨能在课堂上写作业了。

2. 首次家校电话联系情况

小墨的妈妈是个全职妈妈，热心公益，喜欢参加一些慈善活动。我尝试着给她打了电话，讲述了小墨在课堂上的表现：不爱写课堂作业，听课时不停地东摸西摸。但抽小墨回答问题，也能够响亮地答出来，甚至比别的孩子还要快。小墨的妈妈接了电话，说她在外地，语气里透着无奈。

3. 情况持续变糟，与家长失联

这样持续了一段时间，小墨又有好几天不写课堂作业，哪怕老师站在他身边，也不动笔。我给他妈妈打电话不接，发信息不回，几乎彻底失联。

4. 情况越来越糟糕，家长终于坐不住了

这样的状况持续了一个多月，情况越来越糟糕，小墨今天头痛，明天感冒。家长不得已接了班主任的电话，但依然沟通无果，也不现身，每天放学都是亲戚来接回家。我实在担心小墨，再一次联系了他的妈妈，他妈妈接了电话，也来了学校。一见面，妈妈就说了很多感谢老师的话，并说明原因，前一段时间家里闹矛盾，都无暇照顾小墨。

5. 家长苦口婆心，孩子装病退缩

我叫来了小墨，我和他们俩在办公室里谈了很多，家长给小墨提了很多的要求，大意是学生应该如何做，语气里透着焦虑。小墨也很认真地听着，不停地点头，之后他突然扯了扯妈妈的衣角，轻声地对妈妈说："我头痛。"妈妈一时愣住了，明知小墨又在装病，也无可奈何。母子俩的交流陷入僵局，我把小墨叫到一边，让他安静地看一本书。

（二）案例分析

1. 投石问路，慈善搭桥

我单独跟小墨的母亲交流，告诉她小墨需要点燃学习的动力，并向她提出一个建议，可以让小墨多参与帮助他人的活动，让小墨由此获得成就感。看到小墨妈妈有所触动，我开始进一步沟通。

2. 专业引领，拨云见日

小墨主要的行为表现有两个方面。一方面是小墨的认知理解能力还不错，课堂上提的问题他都能回答，这意味着他上课有在听讲，或者说他听一会儿就明白了；另一方面，他上课会不停地做小动作，不做作业，课堂作业和家庭作业都不做。

小学生不完成作业，通常分为两种情况——如果是回家不做作业，常见的原因是家里没人监督，孩子又爱拖拉，缺乏自觉性。如果他在学校里也不做，老师叫他做也不做。他的问题有可能是以自我为中心，抗拒权威。另一方面，小墨的身份是学生，学生是需要做作业的。如果不做作业，是会受到惩戒的。关于学生的纪律，小墨的认知很可能是不清楚的。

3.直言沟通，方向校正

小墨妈妈听了连连点头，这时我才提到，如果小墨不能发自内心地端正学习态度，家长刚才的高压姿态，外部要求太严，小墨就开始装病了。一旦装病取得成功，孩子很难再回到正轨。

二、问题解决策略及过程

（一）身份确认，明晰职责

1.看到家长的态度缓和，对老师的信任度更高了，我把小墨叫了进来。

（1）你是谁？

你是谁，为什么到这个地方来？这个地方叫学校，你是个学生，那么学生是干什么的呢？这可多了，林林总总地给他讲了好几十条。最后再告诉他，学生应做的事情，其中就包括做作业。

（2）班规约束

见小墨没有反感和退缩的表情，我当即给他讲了一个正面的纪律，告诉他我们班上的奖惩制度。小墨明白了之后，我让他回到了教室。

2.家长可以做什么

（1）孩子的问题分析

我对小墨的基本的判断是：首先小墨的智力没有问题；其次他的问题在于没有规则意识。

（2）家长的应对策略

1）口头反复多次确认其学生身份

作为家长，可以把做作业的要求，以及他是学生身份的那些事情，在家里有意无意地反复强调。

2）图表形式反复多次确认学生身份

家长还可以把学生应该做的事情，画一张图表，每天把他做到的打钩，让小墨关注到自己已经做到的事情，增强他的成就感，使他有完成作业的动力。

（二）理论分析，防患于未然

从理论上来推断这件事情，小墨的这个问题可能是对于纪律的抗拒，对于规则的抗拒。

对于一般人都应该遵守的规则表现出的某种抗拒，我们通常就称之为品行障碍。小墨的种种表现已经有一点触及关于品行障碍的一些边缘性问题了，就是对规则的不遵守。所以为了防患于未然，我们要提前做好纠正与监督。小墨的妈妈听完了我所有的分析和想法，表示要好好配合老师的工作，帮助小墨快速进入学习正轨。

三、成效及总结

（一）初见成效

1. 念经式的陪伴与监督

第二天到校，小墨就开始动笔写字了，但写一会儿会停下来。我密切关注他的动向，只要发现他停下来，我就会走过去告诉他，他是一名学生。在这种不厌其烦的反复强调之中，反复地让他强化规则意识。还好，小墨期末测试取得了合格的成绩。

2. 放手与关注

后来的一段时间，又反复出现了不交作业的情况。我再次联系家长，家长也表示了自己的无奈。于是，我给班干部们布置了帮扶任务，每天准时叫他起床，给他讲作业。几经反复，孩子不交作业的次数变少了。如此反复多次，后来的测试中也取得了合格的成绩。

3. 约束与鼓励

经过大家的共同努力，不断对小墨进行约束与鼓励，小墨的进步很大，在多次的身份确认中，小墨交作业的频率越来越高。

（二）经验总结

针对无法完成基本任务的学生，如果智力没有问题，可以从两个方面入手突破：一是身份的确认；二是规则意识的培养。

针对已经失望透顶、无可奈何的家长，老师应该付出更大的耐心，积极与他们联系沟通，给予他们信心，并给出专业的意见和方法。我知道帮助像小墨这样的孩子，需要付出大量的时间和耐心，在整个过程中还会多次出现反复，作为老师我们要相信孩子，不抛弃不放弃！我相信他们都会像小墨一样，在一次次跌倒中不断进步，不断成长！

（本文在"中国好老师"公益行动计划 2020 年度全国优秀育人案例评选中获奖）

为孩子成长导航

——作业认知与教育规训

白凤林

教育，犹如一场漫长的旅程，在孩子的成长过程中，每一个环节都至关重要。做作业，作为学习生活中的重要环节，一直以来都是家长和教师关注的焦点。本文将围绕家长对孩子作业问题的咨询展开深入分析，探讨作业的本质、教育的真谛以及如何在孩子成长过程中进行有效的规训，以期为家长和教师提供有益的启示，共同为孩子的未来奠定坚实的基础。

一、案例背景

今日，收到孩子家长发来的信息。她的孩子做作业速度较慢，但情况并不严重。家长反馈如下：

1.家长认为，孩子对写作业的认知不够，只是迫于外力，为了完成任务。

2.家长要有计划地与孩子交流，引导孩子正确认识写作业的意义。例如作业的本质是什么、写作业的意义是什么等。只有思想通了，认知摆正了，行动才会跟上。

二、案例分析

（一）作业本质与教师责任

1. 孩子无需深入理解作业本质的道理

家长通常期望孩子能正确认识作业的本质和意义，但实际上，孩子们是无需掌握这些道理的。因为孩子的天性就是爱玩，如果他们对学习还没有产生真正的兴趣，即使向他们呈现真相，他们也可能听不进去，反而觉得唠叨。需要掌握作业的本质和意义的其实是老师，如果老师们能深刻理解作业是课堂学习的延伸，是为了强化记忆、是一种让学生们了解自己学习情况的方式，就能布置出更为恰当的作业。

2. 教师应明确作业本质并合理布置作业

事实上，学生不喜欢做作业的一个重要原因是作业布置不合理。比如，一天课程结束，老师布置的作业总量需 40 分钟，而真正属于课堂延伸的可能只有 10 分钟，其余的作业可能就是毫无意义的机械抄写。如历史课让学生把讲过的隋末农民起义章节抄一遍，全班同学回去抄课本，这样的作业难以起到课堂学习延伸的作用。教师应了解陈述性知识和程序性知识的区别，对知识进行分类，清楚作业是课堂教学的延伸，从而布置有效的作业。

（二）上学乃理所当然之事

在孩子的成长旅程中，教育的核心要义在于传递规则。家长应当以平和的心态让孩子知晓一些无需解释的硬道理。比如上学就如同爹妈上班一样自然而然，无需过多阐述其道理。上课就应当做作业，这也是理所当然的规则，无需给孩子过多的阐释。在孩子的成长过程中，首先要让其接受规则并照做。上课认真听讲，课后完成作业，包括口头作业和笔头作业，这就是规则。同时要让孩子明白下课不是趴在桌上，而是出去玩耍。所以家长首先不要拿大道理和过去的经验去教育孩子，而是用最简洁最朴素的方式——讲规则。

三、教育的优化建议

（一）教师层面

1. 提升专业素养，明晰作业本质

教师要不断提升自身专业素养，深入理解学科知识的分类和概念，明确作业是课堂学习的延伸这一本质。可以通过参加培训、阅读专业书籍以及与同行交流等方式，提高教学水平和作业布置能力。在布置作业时，应依据教学内容和学生实际情况，精心设计具有针对性、有意义的作业，避免大量重复性、无意义的作业，使作业真正起到强化记忆、了解学生学习情况的作用。

2. 关注学生差异，实施个性化教育

教师要关注学生个体差异，了解每个学生的学习能力和需求。对于学习能力较强的学生，可以布置具有挑战性的作业，激发其学习兴趣和潜力；对于学习能力较弱的学生，则布置基础作业，帮助其巩固知识。同时，及时反馈学生作业情况，让学生知晓自身优点和不足，以便调整学习方法。通过个性化教育，让每个学生在学习中有所收获，提高对作业的积极性和主动性。

（二）家长层面

1. 树立规则意识，传递正确价值观

家长要树立规则意识，让孩子明白上学、上课、做作业、下课玩耍等是规则。强调规则的绝对性，无需和孩子讲太多作业的意义。例如，孩子回家后可以先玩耍，然后快速完成作业。家长可以制定家庭规则，明确孩子的责任和义务，并以身作则，为孩子树立良好榜样。在日常生活中，传递正确价值观，让孩子明白什么是真正重要的。

2. 关注孩子成长，避免过度焦虑

家长要关注孩子成长，了解其兴趣爱好和需求。不要将自己的期望强加给孩子，避免过度焦虑。当孩子在学习或生活中遇到困难时，给予支持和鼓励，帮助其克服困难。同时，尊重孩子的个性和选择，应给予足够自由和空间。让孩子在宽松、和谐的家庭环境中成长，培养其自信心和独立思考能力。

（三）家校合作层面

1. 加强沟通交流，凝聚教育合力

教师和家长要加强沟通交流，及时了解孩子在学校和家庭中的表现。可以通过家长会、家访、电话、微信等方式保持密切联系，共同探讨孩子的教育问题，制订适合孩子的教育计划。教师向家长介绍学校教学安排和作业要求，让家长了解孩子的学习情况。家长也可以向教师反馈孩子在家的表现，共同促进孩子成长。通过家校合作，形成教育合力，为孩子创造良好的学习和成长环境。

2. 开展家教指导，提升家长教育水平

学校可以开展家庭教育指导活动，邀请专家为家长讲解教育孩子的方法和技巧。通过讲座、培训、咨询等方式，提升家长教育水平。家长也应积极参加各种家庭教育活动，学习先进的教育理念和方法，不断提高自己的教育能力，更好地教育孩子。

在孩子的教育过程中，作业问题是重要方面。家长和教师要正确认识作业的本质和意义，让孩子明白做作业也是学习的一部分，是成长的必经之路。教育的真谛在于传授规则，实施规训，让孩子在规则中成长为文明的人。教师要合理布置作业，明确学科概念，关注个体差异；家长要树立规则意识，避免经验转嫁，配合教师教育。通过家校合作，加强沟通交流，形成教育合力，为孩子创造良好的教育环境。

让我们共同努力，以恰当的方式引导孩子，让他们在作业与规训中找到平衡，健康快乐地成长。相信在我们的共同努力下，孩子们一定能够成为有责任感、有教养、有创新精神的未来栋梁。

第五章

桃苗成长护佑策

家庭教育中的负强化与儿童抑郁倾向

白凤林

本文深入探讨家庭教育中的负强化现象及其与儿童抑郁倾向之间的紧密关联。通过对负强化的概念阐释、在家庭中的具体呈现以及对儿童心理的影响进行细致阐述，揭示儿童抑郁倾向产生的家庭根源。同时，强调教师在识别和应对这一问题中的关键作用，为优化家庭教育和促进儿童心理健康提供有价值的参考。

在当今社会，儿童的心理健康问题日益受到关注。儿童时期是个体心理发展的关键阶段，良好的家庭教育对儿童的身心健康至关重要。其中，儿童抑郁倾向作为一个较为突出的问题，其产生的原因复杂多样。家庭环境中的负强化现象在儿童抑郁倾向的形成中起着重要作用。本文旨在深入分析家庭教育中的负强化现象及其对儿童抑郁倾向的影响，以期为改善家庭教育和促进儿童心理健康提供有益的启示。

一、负强化的概念与行为主义心理学视角

（一）正强化与负强化的定义

在行为主义心理学中，正强化和负强化是两个重要的概念。当人做出某种行为，且该行为符合要求、目标或期望，被予以表扬等积极反馈，这种表扬被称为正强化。正强化鼓励了符合目标行为的再次出现。例如，某人做了一件大家都认可的好事，得到了赞扬，这就是正强化的体现；负强化则是撤销厌恶刺激。当某人做出符合目标的行为时，撤销对他的厌恶刺激，以鼓励这种行为的持续发生。比如，一个人因违反交通规则被吊销执照一段时间，但后来因积极行为，相关部门撤销了部分吊销期限，这就是负强化的例子。

（二）负强化在家庭中的表现形式

在家庭中，负强化现象较为普遍，但往往不被人们充分认识。例如，有些家庭中的监护人，尤其是母亲，常常苦着一张脸，给家庭带来一种压抑的氛围。这种家长的脸色对于孩子来说就是一种厌恶刺激。当孩子取得好成绩、有良好表现或做了其他值得肯定的事情时，家长才会露出笑脸或态度稍微温和一些，这就是一种负强化的手段。在家庭生活中，这种负强化的场景并不少见。比如，孩子在完成作业的过程中，如果出现错误，家长可能会表现出不满或批评的态度；而当孩子高质量地完成作业时，家长则会给予肯定和鼓励。这种对孩子行为的反馈方式，在一定程度上体现了负强化的作用。此外，家长在日常生活中对孩子的各种要求也可能成为负强化的表现。比如，家长要求孩子在一定时间内完成某项任务，如果孩子没有按时完成，就会受到批评或惩罚；而当孩子按时完成任务时，家长就会撤销这种惩罚，这也是负强化的一种形式。

二、家庭教育中的负强化现象及其影响

（一）负强化对儿童心理的影响

在负强化的家庭环境中，孩子一直处于担心和焦虑之中。他们担心妈妈不开心，担心妈妈会批评、责骂自己。这种担心变成了一种焦虑，使孩子在家庭中感到压抑。例如，孩子每天回家看到妈妈阴沉

着脸，心情就会变得沉重。即使有一天在学校表现出色，获得了老师的表扬，回到家后，若妈妈没有给予积极的回应，孩子的喜悦也会大打折扣。这种长期的焦虑状态会对孩子的心理产生负面影响，让他们在面对各种情况时都充满不安。孩子可能会变得胆小、敏感，对自己缺乏信心，导致他们在做事情时会过于谨慎，害怕犯错。

（二）负强化引发的儿童反抗与恐惧

在负强化环境下成长的孩子，往往会想要反抗这种压抑的氛围。随着年龄的增长，他们可能会采取一些反抗行为，如与家长顶嘴甚至发生肢体冲突。然而，一想到反抗可能带来的后果，如妈妈的愤怒、自己的恐惧等，孩子又会陷入另一种焦虑之中。这种心理状态的反复出现，会让孩子在处理与家长的关系时变得更加谨慎和不安。孩子可能会逐渐压抑自己的真实情感和需求，不敢表达自己的想法和感受，因为他们害怕引起家长的不满。这种压抑的状态如果长期持续，就会对孩子的心理健康造成严重的影响。

三、抑郁倾向的形成机制与特征

（一）抑郁倾向的定义与表现

抑郁倾向并非单纯的不开心或沮丧。当一个人遇到不顺利的事情时，就想改变这种情况，但一想到自己的行动可能带来的后果，就会心生恐惧，从而陷入一种复杂的情绪状态，这就是抑郁倾向的表现之一。例如，一个人在参加比赛时没有取得理想的成绩，感到失落的同时，想努力提高成绩，但又害怕再次失败。这种内心的冲突和不安如果长期存在，就可能发展为抑郁倾向。抑郁倾向的人可能会表现出情绪低落、失去兴趣、缺乏动力、自我否定等状态。他们对未来感到悲观，觉得自己无法改变现状，从而陷入无助和绝望的情绪中。

（二）家庭教育中的负强化与抑郁倾向的关系

在家庭教育中，监护人如果始终保持不开心的状态，会给孩子带来紧张的家庭氛围。孩子想打破这种紧张，对监护人实施反抗，但又因为恐惧而不敢真正行动。这种压抑的状态久而久之就会引发抑郁倾向。例如，孩子在面对家长的严格要求时，想表达自己的想法和感受，但又担心会引起家长的不满。这种内心的矛盾无法得到有效解决，就会逐渐影响孩子的情绪和心理状态，使其更容易出现抑郁倾向。孩子在这种家庭环境中成长，会逐渐失去自信和自尊，对自己产生怀疑。他们可能会觉得自己无论怎么做都无法满足家长的期望，从而陷入一种自我否定的情绪中。这种情绪如果长期积累，就会增加孩子出现抑郁倾向的风险。

四、教师在识别和应对中的作用

（一）了解学生家庭情况的重要性

教师作为学生成长过程中的重要他人，有责任了解学生的家庭情况。对于那些在家庭环境中存在负强化现象的学生，教师要保持敏锐的洞察力，通过与家长的沟通和观察学生的行为表现，积极地去发现其家庭中可能存在的问题。例如，有些家长在与老师沟通时表现得较为配合，但在家里却可能对孩子非常严厉，始终不给孩子好脸色。教师要通过多种方式了解这些情况，以便及时发现学生可能存在的心理问题。教师可以在日常教学中观察学生的情绪变化、行为表现以及与同学的互动情况。如果发现学生经常情绪低落、缺乏自信或者行为异常，就需要进一步了解其家庭情况，判断是否存在负强化现象。此外，教师还可以通过与学生的个别谈话、家访等方式，深入了解学生的家庭情况。在谈话中，教师要注意倾听学生的心声，让学生感受到被尊重和被关爱。通过家访，教师可以直接观察学生的家庭环境，与家长进行面对面的交流，了解家长的教育方式和家庭氛围。

（二）教师的应对策略

教师在发现学生有抑郁倾向时，要采取积极的应对措施。首先，要给予学生更多的关心和支持，让他们感受到温暖和安全；其次，要与家长进行沟通，提醒家长注意自己的教育方式，为孩子创造一个积极健康的家庭环境。例如，对于那些长期处于负强化家庭环境中的学生，教师可以在学校里多关注他们的情绪变化，鼓励他们参加各种活动，培养他们的自信心和社交能力。同时，与家长沟通时，可以委婉地提出建议，让家长认识到自己的行为对孩子的影响。教师可以向家长介绍一些科学的教育方法和理念，帮助家长调整自己的教育方式。教师可以组织一些亲子活动，促进家长与孩子之间的沟通和理解，通过这些活动，家长可以更好地了解孩子的需求和感受，从而调整自己的教育方式。教师还可以为家长提供一些家庭教育的指导和建议，帮助他们建立良好的亲子关系。

教师在学生的成长过程中扮演着重要的角色，要关注学生的家庭环境，及时发现问题并采取有效的应对措施。同时，家长也应该认识到自己的教育方式对孩子的重要性，努力为孩子创造一个温暖、和谐、积极的家庭氛围，促进孩子的身心健康发展。

在未来的教育实践中，我们需要进一步加强对家庭教育的指导和支持，提高家长的教育素养。可以通过举办家长学校、开展家庭教育讲座等方式，向家长传授科学的教育方法和理念。同时，教师也要不断提升自己的心理辅导能力，更好地帮助学生应对各种心理问题。只有家庭和学校共同努力，才能为儿童的成长创造良好的环境，减少儿童抑郁倾向的发生，培养出健康、快乐、自信的下一代。

问题学生的教育困境与突围策略

白凤林

本文以学生晓伟为案例，深入剖析具有攻击性等行为问题的学生在学校与家庭环境中的表现及成因。通过对晓伟行为的细致分析，揭示家庭环境对孩子性格塑造的关键影响，以及当前学校在教育此类学生方面的不足。同时，提出针对性的教育策略，包括强化家校合作、合理运用学校纪律规训、引导学生参与体育活动等，展现了在面对教育困境时积极探索、有勇有谋的应对态度，旨在为问题学生的教育提供有益参考。

一、案例背景

晓伟，一名 12 岁的六年级男生，本应是天真活泼、积极向上的年纪，然而他的行为却给老师和同学们带来了诸多困扰。三年级时，晓伟跑到二年级一个班上去打人。当二年级的班主任老师来了解情况时，晓伟不仅毫无认错之意，竟然还反过来给了老师两拳。表现出肢体攻击和拒绝承担责任的态度。

随着时间的推移，晓伟的攻击性越来越强。在课堂上，只要有一点不顺心，他就会提着椅子跟老师对着干。新接手这个班级的老师虽然没有与晓伟正面发生过冲突，但也时常被他那些怪异的言行弄得不知所措。

为了教导晓伟，老师可谓是煞费苦心。课后，老师给他讲《周处除三害》的故事，试图通过各种比喻让晓伟明白，他这样的攻击性行为，在老师和同学眼中究竟是怎样的形象。同时也让他思考，自己的行为到底收获了什么。经过多次耐心的交流，晓伟在这位老师的课堂上稍微有了一些好转。

但晓伟的问题远未得到彻底解决。有一次，他在练习册上画了一个奇奇怪怪的卡通人物，又肥又丑又凶。老师看到后询问他画的是谁，他坚称谁也不是。显然他否认画的是老师。

晓伟在与同学相处的过程中，也常常做出令人意想不到的出格之事。比如，他的圆珠笔坏了，在走廊上跟同学玩的时候，竟然把圆珠笔里所有墨水都弄到那个孩子身上，从头到脚到处都是。据家长反映，在低年级的时候，晓伟还曾用笔尖戳同学的头。

更为糟糕的是，晓伟的家庭正处于父母闹离婚的困境之中。此时又临近毕业，晓伟经常不做作业，即使家长守在旁边也无济于事。老师不禁忧心忡忡，晓伟进入初中后该如何与老师相处？又该如何适应新的学习生活呢？

二、案例分析

（一）晓伟行为的特点及成因

1. 攻击性明显

晓伟的行为确实带有强烈的攻击性，无论是面对同学还是老师，他都极易采取暴力手段。这种攻击性的形成，极有可能源于家庭环境的影响。

2. 从动作攻击到漫画攻击

晓伟并非仅仅局限于动作上的攻击。他还通过在练习册上画奇怪的卡通人物来表达对老师的不满。这种从动作攻击向漫画攻击的转变，充分说明晓伟也在努力尝试寻找其他方式来发泄自己的情绪。他或许已经意识到动作攻击带来的不良后果，所以试图通过这种相对隐晦的方式来表达不满。这种转变既反映出他内心情绪的复杂性，也为教育者提供了一个新的切入点，去理解他的内心世界，从而更好地引导他以更恰当的方式处理自己的情绪。

3. 易受同学影响

青少年是一个非常独特的群体，从 6 岁进入小学，一直到初中、高中，在 6~18 岁这个阶段，整个群体都有和成年人对着干的倾向，这其实是一种非常正常的现象。同学的玩笑话对晓伟有着较大的影响力，这明显表明他在心理上非常容易受到周围人的影响。青少年学生群体拥有独特的文化氛围，他们常常会推选一个平凡的人成为众人瞩目的焦点，鼓励其去做一些冒险的举动。晓伟作为这个群体中的一员，也不可避免地受到这种群体文化的影响。

（二）家庭环境对晓伟的影响

1. 家长行为示范不佳

从行为主义心理学的角度来看，人的行为大多源于模仿，而孩子的行为更是基于环境产生，主要从家庭中习得。如果家庭中有家长脾气暴躁，经常打人，孩子就会模仿这种行为。晓伟的攻击性很可能是从家庭中学来的。晓伟在家庭中或许经常目睹家长的暴力行为，比如家长在处理问题时缺乏耐心，容易冲动发火，甚至动手打人。这种不良的行为示范会让孩子在潜移默化中受到影响，认为暴力是解决问题的有效方式。晓伟在学校里的种种攻击性行为，很可能就是一种模仿。就像行为主义心理学家班杜拉所认为的那样，人的行为是通过观察和模仿学习而来的。晓伟所处的家庭环境中，如果有家长经常以暴力方式解决问题，那么他便极有可能模仿这种行为模式，从而表现出攻击性。

2. 家庭力量不统一

家庭中父母双方的力量不一致，教育方式不统一，会让孩子感到困惑。孩子可能会利用这种矛盾，用不当的行为来引起关注。在晓伟的家庭中，可能存在父母双方在教育孩子的问题上意见不一致的情况。一方可能对孩子要求严格，而另一方则一味溺爱。这种矛盾的教育方式会让晓伟无所适从，不知道该遵循哪种标准。为了引起父母的关注或者在这种矛盾中寻找自己的生存空间，晓伟可能会故意做出一些不当行为。家庭内部的力量是复杂的，爸爸和妈妈作为两股不同的力量，若不能协同一致，就会给孩子带来困惑。家长在家里的教育方式会被孩子看到并模仿，而家长的心态、性格以及内在的心理力量也会在某种程度上转移到孩子身上。不仅表面的行为习惯可能遗传，心理上的脾气秉性、神经类型也会传递给孩子。如果家庭中夫妻两人经常意见不合，力量不往一处使，孩子就会在这种混乱的环境中迷失，进而通过不当行为来寻求关注。

3. 家庭伦理教育不足

家庭中缺乏有效的伦理道德教育，只强调一些表面的规矩，如尊敬长辈等，而没有真正教会孩子如何控制自己的情绪和行为。晓伟的家庭可能在教育中只注重一些形式上的要求，比如让孩子尊敬长辈，但没有深入地教导孩子在面对各种情况时如何正确处理自己的情绪。在遇到问题时，晓伟不知道该如何控制自己的情绪和行为，这也导致了他在学校里容易出现攻击性的行为。这样的家庭环境，难以培养出孩子良好的品德和行为习惯。家庭不仅要为孩子提供行为上的榜样，还应注重培养孩子的内在品质。如果家庭中缺乏有效的伦理道德教育，孩子就难以学会正确处理情绪和行为的方法。晓伟的家庭在这方面的不足，使得他在面对问题时无法控制自己的情绪，从而表现出攻击性，这也进一步说明了良好的家庭伦理教育对于孩子成长的重要性。

（三）学校教育的现状及不足

1. 学校纪律不严格

当前学校的纪律规定确实不够严格，操作程序也相对较少。对于学生的不良行为，往往更多的是依靠班主任进行批评教育，而缺乏明确的奖惩制度。这就使得学生对自己的行为后果认识严重不足，难以起到有效的约束作用。以晓伟所在的学校为例，对于像晓伟这样具有攻击性的学生，在其出现不良行为时，学校并没有一套明确的处理办法和惩罚措施。只是由老师进行简单的批评教育，这显然无法让晓伟深刻认识到自己行为的错误性。如此一来，学生们对纪律的重视程度会逐渐降低，不良行为也会越来越多。

2. 教育方式单一

学校对学生的教育方式较为单一，主要以批评、说教为主，缺乏针对性的教育措施。对于像晓伟这样具有攻击性的学生，需要更加具体、有效的教育方法。在实际的教育过程中，很多老师在面对问题学生时，只是一味地批评指责，没有深入了解学生的内心需求和问题根源。比如晓伟的老师在处理他的问题时，可能更多的是看到他的不良行为时进行批评，而没有去探究晓伟为什么会有这样的行为，是家庭环境的影响还是其他原因。这样的教育方式很难取得良好的效果，也无法真正帮助问题学生改变不良行为习惯。

三、教育策略

（一）加强家校合作

1. 家庭方面

家长要充分认识到自己的行为对孩子的巨大影响，切实地改变自身不良的行为习惯，从而为孩子树立良好的榜样。夫妻之间应尽量避免在孩子面前争吵，全力营造和谐的家庭氛围。同时，家长要大力加强对孩子的伦理道德教育，让孩子清晰地认识到什么是正确的行为，什么是错误的行为。

从晓伟的情况来看，其家庭环境可能为他不良行为的产生提供了源头。若其家庭中爸爸或妈妈脾气暴躁，孩子便容易模仿这种不良行为。如果家庭中可能存在源源不断使孩子脾气暴躁的因素，对于晓伟这种行为已达到违反学校校纪校规临界点的孩子，建议其住在学校，远离家庭。正如一些患有抑郁症的成年人，医生通常建议他们远离家庭，与家里的父亲或母亲切断联系，这样才能切断其动作、行为及强迫性观念的源头，再结合咨询和药物治疗，才有可能控制病情。像晓伟这类主要是性格和脾气有问题的孩子，在学校严格参照校纪校规进行教育是较为合适的选择。

晓伟的家庭中，若家长能够意识到自身行为对晓伟的影响，比如，在处理问题时避免暴力和冲动，以理性和冷静的方式解决矛盾，那么晓伟可能就不会模仿不良行为。家长可以从自身的言行举止入手，向孩子传递积极向上的价值观。在日常生活中，做到尊重他人，严格控制自己的情绪，遇到问题时冷静处理。同时，家长可以和孩子一起制定家庭规则，让孩子参与到家庭事务中来，以此培养他们的责任感和自律能力。例如，可以制定家庭文明用语规范，要求家庭成员之间互相尊重、礼貌待人；还可以让孩子参与家庭决策，如家庭旅游计划等，让孩子感受到自己的重要性和责任感。

2. 学校方面

老师可以定期召开家长会，向家长介绍学校的教育理念和教学方法，同时认真听取家长的意见和建议。在平时，老师也可以通过电话、微信等方式与家长保持联系，及时沟通孩子的学习和生活情况。对于像晓伟这样的问题学生，老师可以和家长一起制订个性化的教育方案，共同帮助孩子克服困难。比如，针对晓伟的攻击性问题，老师和家长可以共同分析原因，制订具体的行为矫正计划。在学校，老师可以给予晓伟更多的关注和引导，鼓励他参加积极的活动；在家里，家长可以加强对晓伟的监督和教育，及时纠正他的不良行为。通过家校合作，形成教育的合力，帮助晓伟更好地成长。

（二）合理利用学校纪律规训

学校要建立严格、明确的纪律制度，对于违反纪律的学生给予相应的处罚，以引起其他学生的警惕，起到警示作用。当前学校在纪律方面存在不足，对于像晓伟这样具有攻击性等不良行为的学生，缺乏有效的约束机制。只有建立严格的纪律制度，才能让学生明确行为的边界，知道什么是不可为的。

当家庭不能够规训孩子的时候，学校就来接管这个事情。学校对于孩子的规训和家庭对孩子的规训是不一样的。学校最主要强调的是纪律，针对学生已经出现的要打人、要骂人的行为倾向，学校应建立严格的规章制度和纪律。

总而言之，对于晓伟这样的学生，学校要严格参照校纪校规进行教育，让他明白自己行为的后果。学校可以参考其他成功的教育案例，制定详细的纪律手册，明确规定各种违纪行为的处罚措施。比如对于破坏公物、打架斗殴等不良行为，要给予严肃的处理。同时，学校可以通过班会、校会等形式，向学生宣讲规章制度，让学生了解自己的行为规范。对于晓伟，老师可以在班会中以他的行为为例，向同学们讲解违反纪律的后果，同时也让晓伟深刻认识到自己的错误，从而引导他改正不良行为。

（三）引导学生参加体育活动

从人类的发展来看，人类身上一直保留着和动物相似的一些特性，比如攻击性。人类的成长从某种意义上说，也是野性被驯化的过程。教育的一大作用就是对人的野性进行控制和束缚。

体育课在规训人的动物属性方面有着重要意义。学校里的体育课包含着各种各样的动作，一位好的体育老师会明白来到课堂的学生就像一个个小动物，老师的职责不是泯灭学生的动物性，而是用体育的规则将其动物性规训为人类可以接受的动物性。比如喜欢争抢的孩子，体育老师就为其安排足球比赛，因为足球是只能用脚不能用手去抢的。在这样的规则之下，既满足了学生们争抢的心理需求，又规范了他们的行为。体育活动能通过规则让学生在火热的争抢中学会团队合作和遵守规则，从而改善自身行为。到了中学，体育课变得更加重要。对于像晓伟这样的学生，建议家长给他报篮球班、足球班或者拳击班等，让他把自己的野蛮性转化为文明性。通过体育活动的作用，帮助学生学会控制行为和情绪，提升综合素质，走上健康成长的道路。

音乐课同样在学生成长中起着关键作用。小学生下课瞬间常常会尽情地大声嘶吼，而音乐课可以将这种虎啸龙吟般的吼声转化为曼妙的歌声。在小学，音乐课尤为重要，学生们可以在音乐的熏陶下学会安静和专注。晓伟在课堂上情绪失控时会提着椅子跟老师对抗，这种冲动的行为反映出他缺乏情绪控制能力。而音乐课可以通过优美的旋律和节奏，让他学会平静内心，更好地处理自己的情绪，培养审美能力和情绪控制能力。

晓伟的案例反映了问题学生在教育中面临的困境，同时也为我们提供了思考和探索的方向。家庭和学校作为孩子成长的两个重要环境，必须共同努力，加强合作，才能有效地教育问题学生。在面对晓伟这样具有攻击性等行为问题的学生时，我们要以积极的态度去面对，有勇有谋地采取各种教育策略。通过加强家庭伦理教育、严格学校纪律规训、引导学生参加体育活动等方式，帮助问题学生认识到自己的问题，改正不良行为习惯，逐步走上健康成长的道路。

教育是一项充满挑战的事业，尤其是对于问题学生的教育。我们不能因为困难而放弃，而要以坚定的信念和不懈的努力，为每一个孩子的成长创造良好的环境。相信在家庭、学校和社会的共同努力下，问题学生也能绽放出属于自己的光彩。

关注同龄人群体，为青少年成长护航

白凤林

在教育的广袤天地中，每一位教师在班级管理的征程上都可能遭遇诸多难题与挑战。我将深入剖析一个极具代表性的案例，期望能为广大教师提供一些深刻的启示与思考。

一、案例背景：班级乱象背后的深度思考

有一位老师接手了一个班级，当她初次踏入教室，便被眼前的景象所震惊。课堂上意外状况层出不穷，作业质量也是一言难尽。经过一番细致的调查，竟发现班级内存在着几十个"快手"群。孩子们在这些群里肆无忌惮地传答案，热火朝天地聊各种千奇百怪的话题。

这位老师当机立断联系了家长，反映了班上存在的问题。家长们也十分配合，和老师一起将这些群全部解散掉了。然而，事情远非想象中那般简单。这些群如同顽强的野草，解散之后又会以惊人的速度重新组建起来。孩子们总能巧妙地找到新的"阵地"，比如借用妹妹的电话手表、翻出家里废弃的手机，甚至在校外只需花几十元就能轻松买到一个二手手机。更令人担忧的是，有一个学生竟然替外面的成年人贩卖二手手机，当老师发现时，他已经卖出了好几部手机。

面对如此棘手的情况，这位老师与家长们共同商讨后一致认为，

与其盲目收缴手机，不如引导孩子们有节制地使用手机。那么，孩子们为何对手机如此痴迷？这些群为何又如此难以清除呢？带着这些疑问，这位老师决定借助班级里一个由四名女生组建的群来深入探究这些问题。

四姑娘群的情况大致如下：其一，这四个女孩在班上自成一个小团体，处处与老师作对。她们建立了一个群；其二，其中一个女孩子跟外校男生聊微信的时候被妈妈发现，这个四人小群的聊天记录也因此暴露无遗。这四个女孩统一采用的手段便是在家长面前痛哭流涕，家长不得不打电话找学校寻求帮助；其三，其中一个女孩被老师轻微批评点名之后，回家哭了一天一夜，不知所措的妈妈打电话跟老师询问情况。经过老师与家长的共同努力，这个女孩逐渐走上正轨；其四，第二个女孩被老师批评之后便找到了校长。在多方沟通之后，女孩在老师和家长的合力帮助下回归了正轨。其五，第三个女孩后来因抑郁症住院治疗。其六，第四个女孩学习一直不在状态。后来经过干预，情况才有所好转。最终，这四个女孩都在老师的悉心帮扶下步入正轨。

二、同龄人群体的重要性剖析

（一）人类群居传统与同龄人群体的意义

人类自远古时代起便是群居动物。在古老的智人时期，男人们以群体的方式共同狩猎，在狩猎过程中展现出明确的分工与合作。现代人类的童年玩伴关系正是这种群体关系的一种延伸。当青少年时期来临，男孩子往往通过参与打篮球、踢足球等活动，进一步深化对分工合作的理解与掌握。

毋庸置疑，同龄人群体在人的一生中占据着至关重要的地位，堪称人生发展历程中最为关键的阶段之一。对于孩子们而言，同龄人始终存在于他们的生活之中。在学龄前儿童阶段，同龄人虽会一起玩耍，然而彼此交流的内容通常缺乏深刻意义。就如同一个小孩兴致勃勃地讲述昨天吃了美味的鸡翅，而另一个小女孩则迫不及待地分享妈妈给自己买的新鞋子，她们各说各话，互不回应，交流显得较为浅显和随意。

但当孩子们步入小学高年级时，情况便发生了显著变化。这个阶段的孩子开始积极建立属于自己的同龄人群体。他们随着自我意识的逐渐形成，基于地缘关系紧密地凑在一起，热烈地交流着属于同龄人的各种话题。在这个阶段，同龄人群体不再仅仅是玩耍的伙伴，更是孩子们探索自我、认知世界的重要平台。他们在群体中分享彼此的喜怒哀乐，交流内心的想法与感受，共同面对成长中的困惑与挑战。这种交流不仅有助于他们更好地了解自己，还能帮助他们逐步建立起与他人的良好关系，为未来的人生发展奠定坚实基础。

（二）同龄人交流的重要信息

1. 两性知识的神秘传播

在小学阶段，同龄人在群体中交流着成年人通常不会传递的资讯，而其中极为重要的一项便是两性交往知识。以作者的少年时期为例，一部爱情小说《第二次握手》曾在同龄人之间悄悄流传。孩子们在这个过程中交流着男生女生的交往方式，彼此倾诉内心的感受，这种独特的交流体验是其他团体难以给予的。在这个隐秘的交流空间里，少年们对两性关系的懵懂认知逐渐萌芽，为他们未来的人际交往奠定了基础。

2. 审美的共同塑造

审美，是同龄人交流中的另一个关键内容。在群体里，孩子们热烈地讨论着各自喜爱的东西，诸如衣服、鞋子、头饰等。他们还会对明星展开讨论，像乒乓球运动员孙颖莎、陈梦等都是他们热议的对象。通过这样的交流，他们逐步形成对人或物的审美。

回想当年，曾有一些专门针对青少年的选秀节目，比如《好男儿》以及湖南卫视举办的一些比赛。这些节目对孩子的审美培养起到了不可忽视的作用。它们让孩子们知道了什么样的女孩子漂亮、健康等。少年阶段的审美正是通过对某些物品的共同认知而逐渐形成的。在这个过程中，同龄人之间的相互影响和交流，使得他们的审美观念不断丰富和完善，为他们日后的个性发展和社交互动提供了重要的参考依据。

（三）老师在青少年群体中的作用

老师在青少年的成长历程中起着举足轻重的作用。老师应当具备良好的审美观以及丰富的知识储备。必须深刻了解青少年群体，积极引导并推动其发展，使其朝着充满正能量的方向不断迈进。对孩子的群体加以限制或控制，甚至强行拆散，是严重违反人性的行为。老师要明白，同龄人群体是青少年成长过程中的重要组成部分，他们在这个群体中交流、探索、成长。对于两性知识和审美等敏感话题，老师不能回避，而应通过积极的引导，让学生以科学的态度去认识和理解。

例如，老师可以组织学生讨论世界名著中的人物关系和情感表达，引导学生思考两性交往中的尊重与理解；可以带领学生欣赏名画，培养学生对美的感知和鉴赏能力。同时，老师还要关注学生在同龄人群体中的交流动态，及时发现问题并给予正确的引导，帮助学生树立正确的价值观和人生观。

总之，老师在青少年的成长中扮演着重要的引导者角色，要充分认识到同龄人群体的重要性，以积极的态度去了解、推动和引导，为学生的健康成长创造良好的环境。

三、同龄人群体的价值与意义

（一）迈向独立的台阶

同龄人群体，无疑是青少年迈向独立的关键台阶。处于这个群体中的青少年们，能够敞开心扉，毫无顾忌地交流他们隐秘的心事，在这个过程中，他们的关系愈发紧密，彼此间传递着温暖。与此同时，随着在同龄人群体中的成长，他们逐渐减轻对家庭的过度依赖，开始学习社会化的种种知识与技能。在这个阶段，他们的知识储备不断丰富，认知水平快速提升，细胞活动量也仿佛被注入了活力一般飞速成长。正如那句老话所说，不离开家的孩子永远长不大。而同龄人群体恰如一座坚实的桥梁，让少男少女们在离开父母的教导时，依然能感受到安全感，找到心灵的寄托。

对于教师而言，应当深刻认识到同龄人群体在青少年独立成长过程中的重要性。鼓励学生积极参与健康的同龄人群体活动，引导他们在群体中学会分享、倾听与理解，为他们迈向独立的人生之路提供有力的支持。

（二）减少校园霸凌

在学校的环境中，那些落单的学生往往容易成为被欺负的对象。

然而，加入同龄人群体后，同学们能够学会团结与合作，就大大减少被欺负的可能性。尤其是到了中学阶段，会出现拉帮结派欺负没有同龄人群体的同学的情况。如果能让所有同学都拥有一个属于自己的同龄人群体，就可以极大地减少校园霸凌事件的发生。

教师作为校园中的守护者，有责任关注学生的社交状态，积极推动学生融入积极健康的同龄人群体。通过组织各种团队活动，培养学生的合作意识和集体荣誉感，为营造和谐、安全的校园环境贡献力量。

（三）培养各种能力与素养

一旦同龄人群体建立起来，他们彼此之间便具有了一种独特的"起哄性"。比如，一个人提议去看漫展、看电影或者去打篮球，大家便会积极响应，一同前往。在这个不经意的过程中，他们习得了各种知识和技能，知识储备、眼界认知、综合能力都会得到显著提升。

对于男孩子的同龄人群体来说，他们通常会尝试一些有难度、有技术含量的活动。比如轮滑，在这个过程中，他们会了解轮子的生产技术和品牌。而喜欢音乐的男孩子则会通过同龄人了解唱片、乐器、音响等相关知识。各种知识会在交流和碰撞中呈几何倍地增长。教师可以通过引导学生参与各种兴趣小组和社团活动，促进同龄人群体的形成和发展，培养学生的综合能力与素养，为他们的未来奠定坚实的基础。

四、倡导重视同龄人群体

综上所述，同龄人群体在青少年的成长过程中发挥着至关重要的作用。对于教师而言，充分认识到同龄人群体的重要性乃是当务之急。教师们应当深刻了解这一群体的特点和价值，并积极采取措施推动其发展。

学校和教师可以积极鼓励处于这个年龄阶段的孩子组建属于自己的同龄人群体。让每一个少男少女都拥有自己志同道合的朋友，在其中他们能够快速学习社会化的知识与技能。就如同在远古时代，人类以群体的方式生存，青少年也需要这样的同龄人群体来探索世界、交流情感、共同成长。

只有如此，我们才能为孩子们的成长营造良好的环境。教师们可以引导孩子们在同龄人群体中分享彼此的喜怒哀乐，学会合作与包容，帮助他们在成长过程中更加健康、全面地发展，为他们的未来奠定坚实的基础。

让我们共同努力，密切关注同龄人群体，为青少年的成长保驾护航。教师们要像灯塔一般，为孩子们在成长的海洋中指引方向，让他们在同龄人群体的温暖怀抱中茁壮成长，绽放出属于自己的光彩。

多动品行障碍的成因和引导策略

白凤林

一、案例背景

某小学中，有一名五年级的男同学，此前，这名学生还会完成作业，但从五年级开始，各个科目都不再做作业。他会在班上当众大声承认自己做过的各种错事，例如，因为看不惯某位同学就会对其拳脚相加。并且在承认错误时会做出极其夸张的表情，似乎在有意激怒老师。上课时还会做出各种怪异的举动，但课后又会给老师送去小糖果表达善意。

这个孩子的父母离异多年，在低年级的时候，他经常觉得被人欺负，家长为此来过学校好几次。现在，男孩和外公外婆一起生活。学校的问卷调查显示，他不喜欢自己的妈妈，更恨自己的爸爸。

二、案例分析

（一）多动品行障碍

1. 情绪有障碍

这名五年级的学生大约 12 岁，本学期突然不做作业，还会做一些违反学校规章制度的事情，当老师询问是谁干的时候，他会毫不犹豫地大声承认。然而，在承认错误时，他内心没有恐惧。对于这个年龄段的孩子来说，已经有了一定的社会化认知，能理解批评与惩罚的意义。尤其是在学校，学生通常会对校规校纪有敬畏之心，但这个孩子却对此没有丝毫的忌惮。综合以上多种现象表明，这个孩子的情绪存在问题。

2.有多动症嫌疑

这个学生还会做出各种怪异的动作，基本符合多动症的表现。同时，他知道自己做了坏事，会给老师送小礼物，虽然不内疚、不害怕，但也知道老师不喜欢。这说明他的认知是完整的，但情感有障碍。根据这些现象，可以初步判断他有多动症的嫌疑。

3.品行障碍

这个学生经常送小礼物给老师，试图弥补与老师的关系，也会当面承认错误，但并不真正认为自己有错，事后仍我行我素，让人束手无策。他对父母的态度也显示出他有推卸责任的心理，把自己的问题都推给父母。因此，这个孩子的行为比较符合品行障碍的特点。

（二）管理方法

1.避免对孩子采用说教的方式

在犯罪心理学中，社会上存在着这样一种人群，他们具有一定的反社会倾向，经常会游走在犯罪边缘，做一些接近触犯刑法的事情。而这个五年级孩子如果不加以正确引导，未来极有可能成为这样的人。从现在的情况来看，这个孩子对学校的规章制度和国家法律等都有一定认知，所以对他进行说教是没有用的。

2.用正常的群体活动启动情绪

这类孩子的问题在于情绪方面，需要让他们启动情绪，减少怪异行为的发生频率。可以通过小组活动等正常的群体活动来实现。

（1）取得成绩被团体认可，启动兴奋的情绪

比如，可以把这个学生编在一个足球队、羽毛球队、乒乓球队或拳击队等团体里面。让他在这种带有竞技色彩的运动团中去释放自己的精力，如果他在比赛中取得了成绩，得到了团体的认可，他就会产生兴奋、开心的情绪。

（2）彼此牵制，收敛怪异行为

这个孩子马上要进入青少年阶段，儿童时期的品行障碍使得他的情绪情感没有发展。如果他加入了学校的体育竞赛团体，他的行为经常会受到来自小伙伴和队友的牵制，所以，只要在这个群体中，老师就可以借助群体及群体里的规则来引导、约束他。

3. 用群体的力量让孩子感受力量

这样的孩子自身情绪力量较弱，需要依靠外在的家长、老师和同学的力量。老师要想办法将这些力量综合利用起来，合力帮助孩子，让孩子感受到更多的关爱和力量。

4. 用强大的游戏规则训练孩子

老师给予这个孩子更多关注的同时，更要坚定不移地督促他遵守规则。规则是铁的规则，比如打篮球不能四步跨栏，打乒乓球也要遵守相应规则。用强大的游戏规则来约束和训练这个孩子，因为他的认知是正常的，他是知道这些规则的。让他成为体育游戏规则之下的高手，会对他产生积极影响。

此外，对于这个孩子的情况，还可以从以下几个方面进行深入思考和探索：首先，家庭环境对孩子的影响至关重要。父母离异多年，孩子没有得到足够的关爱和正确的引导，就可能导致他的情绪和行为出现问题。外公外婆带养虽然给予了生活上的照顾，但在心理和教育方面可能存在不足。学校和老师可以与家长加强沟通，共同关注孩子的成长，给予他更多的关心和支持。其次，了解孩子的兴趣爱好，除了体育活动，还可以尝试其他适合他的团体活动，如音乐、绘画、科技等社团，让他在不同的领域中找到自己的价值和归属感。最后，持续关注孩子的情绪变化和行为表现，及时调整教育方法和策略，帮助他逐渐克服多动品行障碍，走上健康成长的道路。

游戏与节制力
——引领学生成长的平衡之策

白凤林

在当今时代，游戏的影响力如影随形，已然成为现代社会中一个备受瞩目的议题，从稚嫩的小学生到青春洋溢的中学生、大学生，乃至步入社会的成年人，都可能深陷游戏的魅力之中。而学生群体，更是游戏沉迷现象中的重要组成部分。游戏对学生成长的影响以及如何培养学生的节制力，成为教育领域亟待深入探讨的关键课题。

一、游戏可获得自我成就感

回首往昔读书岁月，班上成绩出色的"尖子生"总是众人瞩目的焦点，备受其他同学的钦羡，校园里常常以成绩论英雄。但漫漫求学路，名列前茅者只是少数，而处于中下游的学生总是占大多数的。排名靠后的学生往往会产生自卑感，而位居前列的学生则充满成就感。因此，许多人会通过其他方式去寻求成就感。有些同学会发展才艺，比如，唱歌、跳舞、演奏乐器等；有些同学会通过搞怪来吸引关注，比如做别人不敢做的事，从很高的地方往下跳，故意在教室里高声尖叫。这是因为他们一直未能获得成就感，所以通过这些来获取关注。其中，玩游戏成为一种非常普遍的行为。如今的游戏制作越发精良，风格和类型也越来越丰富。

这些游戏都有一个共同的特点，它们能给玩家提供即时反馈。比如，在虚拟农场里种植一根玉米，一两分钟就能看到结果。这种快速的反馈，让玩家的内心更加有确定感和成就感，更加认同自我。这也是很多孩子沉迷游戏的原因。游戏能让未在学习中获得成就感的孩子们找到新的天地。

二、游戏是未来世界折叠

（一）在游戏中获取解题技能

孩子从出生后不久就开始接触游戏，比如一岁半、两岁的孩子玩积木。老师们可能不太清楚小孩为什么玩积木、玩具，其实这与文明社会和文明人的成长紧密相关。文明人与古代的智人有所不同。在漫长的人类进化过程中，文明人一些最基本的能力，比如技术能力，是在童年时通过摆弄东西，如给玩具排队、分类等游戏中获得的。

对于六岁前的孩子，随着年龄增长，游戏范围逐渐扩大。学龄前儿童到小学儿童玩的游戏多种多样，幼儿园里有角色游戏和分类游戏，如办农场、办医院、办商场等。这些游戏其实是一种对未来成人世界的映射，儿童的未来是成年人，成年人离开学校后每天都会遇到各种问题，而解决问题需要方法。

（二）游戏是重要的训练课

1. 人类的敌人是内在情绪

情绪，是人对客观事物的态度体验以及相应的行为反应。其实很多时候，人类最大的敌人，实则是自身内在的情绪。有研究表明，情绪对我们的决策能力、创造力，甚至人际关系都有着深远的影响。比如，在职场中，情绪低落会影响我们的工作表现；而在感情生活中，乱发脾气则可能使亲密关系出现裂痕。生活中出现的许多问题，往往是因为我们被情绪所控制。

2.游戏是自我练习题

事实上，人类是一个非常优秀的文明部落。按照荣格的说法，人类出生后就会自己给自己设计练习题。少年时期的游戏相比六岁前有很大进步，六岁前的游戏主要是拓展其感觉、知觉以及看待世界的基本技能，如分类、排列、组合、概念形成等。从小学到初中时期，儿童开始玩较为大型的游戏，如官兵捉强盗，有角色、有分工、有合作。儿童的这种游戏里，展现了诸多未来成年人生活中的细节。比如，拿根木棒说是枪，拿另一根木棒当作指挥棒等。所以，游戏是一种对未成年人在进入成人社会之前非常重要的训练课程。

3.熟悉未来事情程序

如今有不少年轻人在步入社会后，往往对于很多事情都感到无措，缺乏一定的适应能力。

如果他们能在小时候玩过精密游戏，在这些游戏中预先体验一些未来世界上的事情程序，他们可能在成年之后会更从容。比如，国外一所小学里的一个叫"带儿子"的游戏，就是非常典型的精密游戏。

（1）体验"夫妻"合作

学校老师安排班里以男女组合为单位组成临时搭档。男孩子买一个篮子当作床，女孩子买一条毛巾当作被子，再拿一个生鸡蛋放在篮子里，这个生鸡蛋就是他们的"孩子"。老师会要求他们一人一天轮流带"孩子"，放学要拎回家，如果要出去玩，不能把孩子单独放在家，要拜托家里其他人帮忙照看。在学校里，同学们下课出去玩时，也一定要拎着装有生鸡蛋的篮子。只见操场上，每个男孩子都拎着篮子在飞奔，要保证鸡蛋不被碰碎。

（2）体验死亡保险

如果不小心把蛋弄破了，就意味着"死掉了"。学校校长会为这个"死掉的蛋儿子"举行葬礼，还要向牧师、教会付钱，每次五美元。有的孩子不只打碎过一次鸡蛋，打碎了好几次，老师就会告知，鉴于这种情况，可以为鸡蛋购买死亡保险。这个看似奇特的"死亡保险"体验，实际上蕴含着深刻的教育意义。孩子们在经历为"蛋儿子"购买死亡保险的过程中，开始初步理解风险与保障的概念。他们意识到生活中存在着不可预见的意外，而通过某种方式可以在一定程度上降低这些意外带来的损失。这种体验为他们未来面对真实生活中的风险打下了认知基础。

（3）体验医疗保险

在这个"蛋游戏"里有很多情况，比如蛋会破裂但蛋黄没出来，只有一条缝，就要花五元钱买个创可贴，也可以花两块钱买医疗保险。

医疗保险的体验进一步丰富了孩子们对生活中各种保障机制的理解。他们学会了在不同的情况下做出恰当的选择，是花费一定的代价去医治"蛋儿子"，还是提前购买医疗保险来应对可能出现的问题。这种思考和决策的过程，锻炼了孩子们的逻辑思维和判断能力。

在我们的教育之中，也可以通过游戏的形式设置各种情景模拟，把未来儿童成年后在社会里遇到的各种事情、各种保险、各种社会服务都融入游戏中。不仅让孩子们在游戏中获得快乐，还为他们提供了一个提前体验成年人社会的平台，提高处理各种问题的认知和技能。

在我们的日常教学中，也应该注重将现实生活中的元素融入到教学活动中，让学生们在学习知识的同时，更好地理解和适应社会。

4.体验现代社会文明

男生和女生在游戏中的侧重点和青睐点是不同的。

（1）男生要成为猎人

就拿中学男生比较喜欢玩的《王者荣耀》举例，这款网游中就经常会有发育、攻击、猎杀、团战等场景，其实这就是一种捕猎。简约地说，在人类社会中男性依然扮演着"猎人"角色，他们要外出上班挣钱养家糊口，按照荣格的说法，这是一种原型策略。

男生在游戏中的这种捕猎倾向，反映了他们内在的生存本能和对成就的追求。在教育中，我们可以引导男生将这种游戏中的热情和动力转化为对现实生活中目标的追求。

（2）男生学谋生技术

男生在游戏中，包括非电子游戏，能够激活其捕猎的倾向。捕猎在现代文明社会来说就是挣钱，通过这种方式可以领略当下时代的某种谋生技术。

游戏中的谋生技术体验，可以让男生提前了解现实社会中的经济活动和生存法则。我们可以利用这一点，在教育中引入一些与理财、创业相关的内容，让男生们在学习中更好地理解金钱的价值和管理方法。

同时，也可以通过职业体验活动，让他们了解不同职业的特点和要求，为未来的职业选择做好准备。

（3）游戏吸引少年

游戏里包含了很多与社会劳动相关的内容。我们不能一味地禁止孩子玩游戏，而应该正确引导他们。家长和老师可以共同制定合理的游戏时间规则，让孩子在享受游戏的同时，也不耽误学习和其他有益活动的开展。

（4）培养节制和界限

1）见识不良现象

通过游戏能让孩子们提前见识社会中的不良现象，可以帮助他们更好地适应未来的社会生活。在教育中，我们也可以通过案例分析、角色扮演等方式，让学生们了解社会中的各种问题和挑战，培养他们的批判性思维和解决问题的能力。同时，也要教育孩子们在面对不良现象时，要保持自己的原则和底线，学会维护自己的权益。

2）懂得自然节制

每个年代的儿童都会玩游戏。我们小时候根本没有电子游戏，能玩的就是泥巴、木棍、踢毽子、滚铁环……有同学拿着铁环在村口溜来溜去，甚至溜到镇上去，也其乐无穷。如今的孩子们已经很少玩我们当年的游戏了，他们之中的一部分孩子开始沉迷于网络游戏。

让孩子们懂得自然节制是非常重要的。我们可以通过教育让他们明白，游戏虽然有趣，但不能过度沉迷，要学会合理安排自己的时间和精力。同时，也可以培养孩子们的其他兴趣爱好，让他们在游戏之外也能找到乐趣和成就感。

三、培养先形成自我

在家庭教育中，要培养孩子懂得节制。那么如何让孩子学会节制地玩游戏呢？

（一）"我的空间"

首先回到孩子自我形成的问题，自我里有个重要的东西叫"我的"，比如"我的空间"，这是自我里非常重要的部分。有条件的话，应该让孩子有自己的房间。

对于孩子来说，拥有自己的空间不仅是物质上的需求，更是心理上的需求。在学校里，我们可以为学生创造更多的自主学习和活动空间，让他们能够自由地表达自己的想法和创意。同时，也要尊重学生的个性和隐私，让他们感受到自己的价值和尊严。

（二）"我的时间"

在孩子强大又脆弱的自我中，有时间这个东西——"我的时间"，即时间是我的，由我支配。家长要深知，在帮助孩子学会节制游戏的同时，也要把时间还给孩子。比如，允许孩子一周可以自由支配三到五个小时，这个时间由孩子自己安排，在七天内任意时间都能玩，可以一口气玩完，也能分几次使用。应放宽界限，让孩子知道时间是自己的，由自己支配，从而壮大自我。培养节制能力首先是让孩子拥有时间，让时间成为孩子的私人财产。

在学校里，我们要帮助学生学会合理安排时间，提高学习效率。同时，也要鼓励学生们在课余时间参加各种有益的活动，丰富自己的生活。

（三）自主支配金钱

孩子在花钱方面也需要学会自主支配。例如，每月给 100 块钱零用钱，不干涉用途，也不干涉使用方法。可以一次花光，也可以存起来，家长应给予孩子充分的使用权，在规则的框架内让其自主。孩子虽受管制，却能在一定范围内自主支配。

在学校里，可以通过开展理财教育活动，让学生们学会合理支配金钱。同时，也要教育学生们珍惜资源，养成勤俭节约的好习惯。

（四）有条件自由支配

很多孩子沉迷游戏、失去自制力，原因是多元化的，其中最主要的原因就是，孩子从来没有可以自由支配的东西，供其学会支配和节制。培养节制需让孩子先拥有资源，然后在一定范围内自由支配，学生时代培养得好，好习惯将伴随一生。

作为老师，我们要关注学生的全面发展，帮助他们解决在学习和生活中遇到的各种问题。对于那些因为游戏而影响学习的学生，我们要和家长一起制定合理的游戏时间规则，引导他们正确对待游戏。同时，也要关注学生的心理健康，帮助他们建立良好的人际关系，提高他们的社交能力。

总之，游戏与节制力是儿童成长过程中需要关注的重要问题。我们要正确认识游戏的价值和影响，通过合理的教育方式，培养孩子们的节制力和自我管理能力，让他们在游戏与学习、娱乐与成长之间找到平衡，健康快乐地成长。

少年阅读的奇幻之旅

——《斗罗大陆》与成长启示

白凤林

在当今时代，青少年的成长与发展成为社会广泛关注的焦点。他们的阅读选择、行为习惯以及心理状态，都深刻地影响着其未来的人生轨迹。本文以一位 12 岁少年对小说《斗罗大陆》的痴迷为切入点，深入剖析青少年的心理特点、阅读行为以及教育方式，以期为家长和教育者提供有价值的参考，助力青少年健康成长。

一、《斗罗大陆》的奇幻世界与青少年行为

《斗罗大陆》构建了一个独特而奇幻的世界。"斗"代表战斗，"罗"意味着个体，合起来"斗罗"便是战士之意。在小说中，斗罗指具有战斗素质的人。斗罗大陆是一个奇妙的星球，那里的居民人人都有"魂"，魂的种类丰富多样，包括植物魂、金属魂、动物魂等。这个星球强调人人平等，没有智商高低之分，只有灵魂的融洽。并且，所有有魂的人都可以修炼。如果一个斗罗的居民拥有蜘蛛的魂，修炼之后就是蜘蛛斗罗；拥有猪的魂，修炼之后就是八戒斗罗。修炼后的斗罗有不同级别，以数字标定，从 1 到 99 级不等，还有雅号外挂如绝世斗罗、巅峰斗罗。

案例中的这位 12 岁的男孩就非常喜欢《斗罗大陆》这部小说，

他有一部手机，就是专门用来听《斗罗大陆》有声书的。在看书之余，他还经常在深夜用手机玩游戏以及看短视频。导致白天上课经常打瞌睡，家长还为此带他去看过医生。

二、《斗罗大陆》吸引青少年的原因

（一）深刻的平等理念

青春期乃至儿童时期的孩子，都喜欢阅读幻想类的小说，《斗罗大陆》就是一部科幻武侠小说，小说中的斗罗大陆人人平等，居民皆有魂，且魂的种类多样。这种平等的理念吸引着当代青少年，让他们在虚拟的世界中感受到公平与和谐。对于成长中的青少年来说，《斗罗大陆》提供了一个理想的平等世界，满足了他们对公平的渴望。

（二）激励成长的修炼体系

在斗罗大陆上，所有人都能修炼，修炼后会有不同级别和称号。这一设定与现实中青少年对成长和进步的渴望相呼应。在现实生活中，读书也被视为一种修炼，虽然少年们可能对日复一日的学习生活有抵触情绪，但他们深知读书的重要性。小说中的等级称号体系也反映了社会的等级特点，让少年们在虚构的世界中体验到通过努力获得成就的满足感。这种修炼体系也激励着少年们在现实生活中努力奋斗，追求进步。

（三）丰富的审美呈现与想象空间

《斗罗大陆》在网络上资源丰富，有良好的审美呈现。其精彩的故事情节、丰富的人物形象以及奇幻的世界设定，为少年们提供了广阔的想象空间。青少年时期心理独特，他们想象力丰富，通过各种故事、游戏和小说与世界建立联系。这部小说成为他们展开想象翅膀的重要载体，让他们在虚构的世界中探索未知、体验冒险。例如，少年们可以想象自己成为斗罗大陆上的英雄，拥有强大的力量，战胜邪恶，保护世界。

三、青少年的思维特色

青少年阶段的孩子具有独特的思维特点。他们往往热衷自我表现，认为自己是独一无二的。例如，有些少年会觉得自己的恋爱经历可以写成书，充满了对自我的浪漫幻想。这种自我热衷的思维特点使得他们在阅读和生活中更加注重自我表达和个性展现。

青少年普遍具有以自我为中心的特点，认为全世界都在看着自己。他们会有假想观众的现象，觉得老师在关注他，同学、朋友、父母在围观他等。这种心理促使他们在行为和选择上更加注重他人的看法，希望通过自己的表现来获得他人的认可和关注。例如，大家都在看一本小说，自己也要看，因为会觉得大家都在看着自己，如果不看就会觉得自己落后了。

青少年常常沉浸在个人神话中，认为自己的经历和感受是独一无二的，充满了浪漫幻想。这种思维特点使得他们在阅读和生活中更加追求刺激和冒险，渴望成为英雄或主角。例如，在《斗罗大陆》的世界中，少年们可以跟随主人公一起修炼、战斗，实现自己的梦想。

四、监护人的教育方式反思

案例中的家长对孩子的手机是严格管控的，孩子使用的那一部手机是他通过其他渠道获得的，家长并不知情。由此，家长应该认识到，这种严厉的教育方式可能会引发少年的叛逆。不能将孩子的时间、自由等一切都掌控在自己手中。孩子在成长过程中需要一定的自由和空间，才能培养出独立性和自主性。

家长过度的管控可能源于对孩子的过度保护和担忧。然而，这种方式可能会适得其反，阻碍孩子的成长。家长应该学会适度放手，给孩子一定的自由和选择权，让他们在实践中学会独立思考和决策。同时，家长也应与孩子建立良好的沟通渠道，了解他们的需求和想法，给予他们适当的引导和支持。

五、建议与启示

（一）理解青少年的阅读喜好

家长和教育者应该理解青少年对《斗罗大陆》等幻想类小说的喜

爱，这是他们这个年龄阶段的正常现象。这些小说为青少年提供了丰富的想象空间和情感体验，有助于他们拓展思维、丰富内心世界。不能简单地将其视为胡编乱造，而应该看到其中的积极意义。

小说中的平等理念可以引导少年们树立正确的价值观，尊重他人，不歧视任何人。同时，也可以让他们明白，每个人都有自己的优点和不足，通过努力都可以实现自己的价值。修炼体系可以激励少年们在现实生活中努力学习、积极进取。家长和教育者可以引导他们将这种努力和进取精神转化为实际行动，培养良好的学习习惯和生活态度。审美呈现和想象空间可以培养少年们的审美能力和创造力。家长和教育者可以鼓励他们阅读更多优秀的文学作品、欣赏更多的艺术作品，激发他们的想象力和创造力。

（二）引导青少年的阅读行为

虽然小说有其积极一面，但家长也需要对孩子的阅读和使用手机等行为进行适当的引导和限制。可以规定孩子使用手机的时长，避免过度沉迷于网络和小说，要保证孩子有足够的时间进行学习、运动和社交活动。引导孩子选择积极健康、富有教育意义的文学作品和娱乐内容。可以推荐一些经典的文学作品、科普读物等，拓宽他们的视野和知识面。鼓励孩子与家长、老师和同学交流阅读心得和感受，分享自己的想法和体验。这样可以促进他们的思维发展和情感交流，增强他们的社交能力。

（三）培养青少年的独立性

家长要认识到培养孩子独立的重要性。给孩子一定的资源，让他们能够自由支配，比如，规定孩子每天可以使用一个小时手机。当孩子拥有自己可以支配的资源时，他们会逐渐学会独立思考和决策。从小就要培养孩子的独立意识，让他们明白自己拥有时间、睡眠和阅读的权利，而不是完全被他人指挥。在给予孩子自由和资源的同时，也要让他们承担相应的责任和义务。例如，让孩子自己管理手机使用时间，学会对自己的行为负责。鼓励孩子自主学习和探索，培养他们的学习兴趣和好奇心。可以提供一些学习资源和工具，让孩子自己去发现问题、解决问题，提高他们的学习能力和综合素质。

（四）关注青少年的心理需求

青少年时期是心理发展的关键阶段，家长和教育者要关注他们的心理需求。理解少年的自我热衷、自我中心和个人神话等特点，给予他们适当的关注和支持。当孩子遇到问题和困难时，要耐心倾听他们的心声，给予他们鼓励和建议。加强与孩子的情感交流，建立良好的亲子关系和师生关系。可以通过聊天、游戏、户外活动等方式，增进彼此的了解和信任。如果孩子出现心理问题，如抑郁、焦虑、失眠等，要及时寻求专业的心理辅导和帮助。可以咨询心理医生、参加心理辅导课程等，帮助孩子渡过难关。

青少年的成长是一个复杂而又充满挑战的过程。《斗罗大陆》作为一部深受青少年喜爱的小说，反映了他们的心理需求和阅读喜好。家长和教育者应该以理解和包容的态度对待青少年的喜好，引导他们在阅读和生活中健康成长。同时，要注重培养孩子的独立性，关注他们的心理需求，为他们创造一个良好的成长环境。通过正确的教育方式和引导，让青少年在少年时期茁壮成长，为未来的人生奠定坚实的基础。

小学生恶作剧现象的探寻与应对策略

白凤林

在教育的广阔天地中，小学生的恶作剧现象如同一个不时泛起涟漪的小水潭，看似微小，却足以使我们对教育理念、方法以及儿童成长环境进行深刻思考。本文旨在深入剖析小学生恶作剧现象的根源，并提出切实可行的解决方案，以促进小学生的健康成长和良好发展。

一、案例背景

（一）家长的困扰

1. 物品被破坏引担忧

一名学生放在书包里的水杯被同学偷偷拿走，下课后带到走廊，遭到多位同学的踩踏和砸击。类似的事件已经多次发生在这名学生的身上，让家长极为生气。据说，上课期间还有同学传纸条商量偷东西，纸条上写着"我们来偷 xx 的东西，OK？"，后来纸条被撕成两半，孩子捡到后告知了班长。

2. 感觉孩子被针对

虽然孩子对某些情节描述得不是很清楚，但家长听后还是很生气，认为孩子在班上被同学欺负。经过再三考虑，家长决定在班级群里告知老师，同时希望参与此事的同学能够改正错误。

（二）班主任的无奈

班主任无奈地感慨，班里的孩子实在是太调皮了。自己几乎天天守在教室，可状况依旧层出不穷。加之如今的孩子心理相对脆弱，严厉的批评和责骂，既怕伤害孩子的自尊心，又没有什么效果。这让班主任伤透了脑筋，身心俱疲。即便面临如此艰难的处境，老师们也没有放弃，依旧在苦苦思索着更好的教育方法，努力在困境中为学生们的成长寻找出路。他们不断地尝试、探索，渴望找到既能有效引导学生又不会对学生造成伤害的平衡点，虽然满心无奈，却始终没有停下探索的步伐。

二、恶作剧现象分析

（一）恶作剧是孩子们独特的互动方式

小学生到了二三年级，恶作剧现象极为普遍。回忆我们 10 岁左右的童年时光，一群小伙伴在一起疯闹玩耍，也常常会有恶作剧发生。恶作剧是这个年龄阶段的孩子寻求刺激的一种互动方式，他们通过这种方式来表达自己与他人之间的空间和距离。

1. 孩子自身心理需求

这个年龄段的孩子充满好奇心和探索欲，对世界的认知还在不断发展中。他们通过恶作剧来试探他人的反应，从而更好地处理人际关系。

2. 外部条件的影响

（1）活动匮乏致精力无处释放

学校的体育和音乐课程是消耗孩子精力、传递人类文明的重要途径。体育可以传播规则，让孩子们在比赛中学会遵守规则，同时也能宣泄他们体内的力比多。但我们往往对规则教育不够重视，导致体育和游戏的规则教育功能未能充分发挥。孩子们在没有规则约束和足够运动的情况下，就容易出现各种恶作剧行为。

（2）家长教育方式的影响

家长护犊心切，又追求标准化、模板化的人际关系，他们也希望孩子按照既定标准交往。当感觉孩子似乎被其他孩子欺负时，往往反应过激，忽略了孩子之间自然的互动方式。

孩子在家庭成长过程中，如果被家长限制过多、过度保护，就会被剥夺能量，变得不活跃。很多孩子在家中被父母限制，在学校就缺乏朋友和伙伴，这需要家长严格反思。家长应给予孩子足够的自由和空间，让他们能自由探索世界，发展兴趣爱好。例如，鼓励孩子参加户外活动，培养勇敢探索的精神；培养孩子的自信心和独立性，引导他们自己解决问题；教导孩子正确的价值观和行为准则，通过讲故事、看电影等方式，让孩子了解友谊、诚实、勇敢等价值观。

三、老师的角色与挑战

（一）理解老师的困境与努力

老师面对调皮的学生，常常感到伤脑筋和疲惫。现在的孩子心理脆弱，老师既不能严厉批评也不能责骂，这给老师的教育工作带来很大挑战。然而，老师的心理通常比较强大，他们也在努力寻找应对种种状况的方法。

我们应该理解老师的难处，给予他们更多的支持和理解。老师不仅要传授知识，还要管理班级秩序，关注每个学生的成长，承受着巨大的压力。

（二）专制教育方式的反思

有些老师在面对学生的恶作剧和不良行为时，处理方式比较专制。但专制的教育方式或许能培养出成绩好的学生，却无法培育出人格健全的人。我们应该认识到，专制的教育方式不是解决问题的最佳途径，需要探索更加民主、科学的教育方法，引导学生在规则下学会自我管理和自我约束。

四、建立公约的重要性与方法

（一）从狼群成长看孩子的规则探索

就像狼窝里的小狼，小狼们在成长过程中，每天你咬我我咬你，咬来咬去的。但随着时间的推移，小狼们开始知道狼群社会里有效的规则和秩序，并根据自己的身份和角色来行动。我们今天看到学校里的儿童，他们早期的恶作剧，其实也是在探索人际关系，他们不知道怎样和同学打交道，所以会通过恶作剧来激发对方的反应，趁机打打闹闹。但他们大部分其实并没有恶意，尤其是小学生，纯粹是在探索中寻找与他人相处的方式。

（二）民主规则的重要性

对待孩子们相互恶作剧的现象，我们需要用民主的方式建立规则，让孩子在规则的约束下学会自我管理。老师要推动规则的实施，让学生在民主的氛围中学会自我管理和约束。例如，可以组织学生一起讨论制定班级公约，让每个学生都参与其中，共同制定规则并遵守。这样不仅可以增强学生的规则意识，还可以培养他们的民主参与精神。

（三）具体实施策略

1. 建立班级公约

老师可以针对比较调皮的班级，组织全班同学一起讨论建立班级公约。公约的内容可以包括，若有学生损坏他人财物，如把别人杯子踩在地上，应照价赔偿并接受相应处罚。每个学生用小手在公约上按手印，共同遵守公约，老师也不例外。对于公约中未提到的情况，可以进行修正，让公约不断完善，适应班级的实际情况。

2. 设置小法庭

班级里可以设置小法庭，若同学之间发生纠纷，可请同学们自己来担任法官、律师，然后按照法院的审理流程，对原告和被告进行矛盾调解。

通过小法庭的方式，让孩子们学会用规则解决问题，老师只辅助孩子们完善流程。在这个过程中，孩子们可以倾听不同的观点，学会理性地表达自己的想法，从而提高他们的解决问题的能力和人际交往能力。

五、规则育人与舆论的力量

（一）老师的正确引导方式

老师不能专制地对待学生，而应该通过舆论的方式，抽离其身不再直接参与处理学生之间的矛盾。让学生在规则的约束下学会自我管理，培养他们的责任感和自律能力。

比如，当学生之间发生矛盾时，老师可以引导学生自己思考解决问题的方法，而不是直接给出答案。让学生在解决问题的过程中，学会尊重他人的意见，学会合作与沟通。

（二）舆论的强大影响力

制定班级公约后，老师和学生共同遵守。遇到问题拿出公约，让同学们共同指出违反的条款，以此形成舆论影响。舆论的力量是强大的，它可以让孩子认识到自己的错误，收敛不良行为。同时，舆论也可以起到监督的作用，让每个学生都自觉遵守规则，共同维护班级的良好秩序。

六、让孩子体验人类文明的规则

（一）家长与老师的共同使命

老师和家长都有责任让孩子体验人类文明的规则。随着孩子长大，家长要改变专制的教育方式，和孩子一起商量契约条款，如规定游戏时间、使用手机时间、零用钱的使用等。老师要建立依据系统，在班上开设小法庭，给孩子配置辩护律师，让孩子们在公平的环境中学会用规则解决问题，彰显文明民主。通过这些方式，让孩子明白在社会中生活，需要遵守一定的规则，这样才能保证自己和他人的权益。

（二）培养孩子的规则意识与责任感

从小培养孩子的规则意识非常重要。规则不仅是约束，更是一种保护。通过建立班级公约、设置小法庭等方式，让孩子在实践中学会遵守规则，培养他们的责任感和担当精神。当孩子违反规则时，要让他们承担相应的后果，让他们明白自己的行为会对他人产生影响。

七、综合思考与未来展望

（一）教育理念的转变与创新

老师和家长要最大限度地尊重孩子们的个性和权利，让他们在自由、充满关爱的氛围中成长。我们的教育不再是单纯的命令和控制，而是耐心地引导和启发，让孩子自己去思考和探索。

例如，可以采用项目式学习的方法，让孩子在完成项目的过程中学会合作、沟通和解决问题。老师和家长可以作为引导者，为孩子提供必要的支持和帮助，让他们在实践中不断成长。

（二）多方合作共同促进孩子成长

学校、家庭和社会应该加强合作，共同关注孩子的成长。学校可以积极组织家长参加教育心理培训和讲座，提高家长的教育水平。家庭要积极配合学校的教育工作，关注孩子在学校的情况，与老师保持沟通。

社会也可以为孩子提供更多的实践机会，如志愿者活动、参观博物馆等，让孩子在实践中了解社会、增长见识。只有学校、家庭和社会共同努力，才能为孩子创造一个良好的成长环境。

（三）关注孩子心理健康，培养健全人格

孩子在成长过程中，可能会遇到各种问题和挑战，容易产生心理压力。我们要关注孩子的心理健康，及时发现问题并给予帮助。老师和家长可以通过与孩子沟通、倾听他们的心声，了解他们的内心世界。

同时，也要引导孩子学会正确地处理情绪，提高他们的心理承受能力。例如，当孩子遇到挫折时，鼓励他们勇敢面对，从失败中吸取教训，培养他们坚韧不拔的品质。

总之，小学生恶作剧现象是一个复杂的问题，需要我们从多个方面进行分析和解决。通过转变教育理念、培养规则意识、丰富活动内容、加强家长与老师的合作以及关注孩子的心理健康等措施，我们可以帮助孩子健康成长，让他们在和谐的环境中学会与人交往、遵守规则，成为有责任感、有担当的人。未来，我们期待着更多的创新和努力，为孩子们的成长创造更加美好的明天。

青春期的避风港
——预防与应对校园挑衅与霸凌

白凤林

在青春的旅途中，每个孩子都是一艘扬帆起航的小船，而校园，这片本应充满欢笑与梦想的海洋，却时常暗流涌动，尤其是挑衅与霸凌的阴影，让不少家长的心为之颤抖。作为父母，我们深知那份痛楚与担忧，更渴望为孩子筑起一道坚实的防线，让他们在成长的路上少些风雨，多些阳光。本文将从多个维度探讨，如何在青春期帮助孩子避免同学的恶意挑衅，预防并有效应对校园霸凌，让他们的青春之旅更加平稳与美好。

引言：青春期的挑战与机遇

青春期，一个充满矛盾与变化的时期，孩子们的身体在迅速成长，心理世界也在经历着翻天覆地的变化。他们开始寻求独立，渴望被理解，同时，也面临着来自同伴、学业、自我认知等多方面的压力。在这一阶段，校园作为他们社交生活的重要舞台，其氛围与环境对青少年的成长影响深远。然而，不容忽视的是，校园内偶尔发生的挑衅与霸凌事件，如同阴霾般笼罩在部分孩子的青春之上，成为他们成长路上的绊脚石。

一、认识中学阶段的挑衅与霸凌

（一）挑衅与霸凌的新形态

与小学时期单纯的恶作剧不同，中学阶段的挑衅与霸凌往往呈现出更为复杂和群体化的特点。中学生开始形成自己的小团体，这些团体或基于共同的兴趣爱好，或出于某种认同感而聚集在一起。当这些团体中出现了以霸凌他人为乐的现象时，整个团体就可能成为一种霸凌的"工具"。团体性质也就变成了拉帮结派，不仅增加了霸凌的严重性，也使得被霸凌者更加孤立无援。

（二）道德水平与社会权威的碰撞

中学生正处于道德观念形成的关键时期，他们开始尊重社会权威，但同时也容易受到青少年亚文化的影响。在县城等相对封闭的环境中，这种亚文化的影响尤为显著，一些所谓的"超霸"团体通过挑衅与霸凌来彰显自己的存在感，这种行为不仅违反了社会道德规范，也严重损害了校园的和谐氛围。

二、构建自我防护的堡垒

（一）建立稳定的伙伴群体

面对中学阶段的挑衅与霸凌，拥有自己的伙伴群体显得尤为重要。一个稳固的伙伴群体不仅能提供情感上的支持，还能在关键时刻成为对抗霸凌的强大后盾。中学生应该主动寻找志同道合的朋友，并与其一道共同学习、成长。同时，家长和老师也应鼓励孩子们多参与集体活动，拓宽社交圈子，减少被孤立的风险。

（二）培养勇敢而不失理智的心态

勇敢并非鲁莽，而是面对挑衅与霸凌时能够保持冷静，采取恰当的方式应对。家长应教育孩子，遇到问题时不要一味逃避或忍让，而是要勇于表达自己的立场和感受。同时，也要教会孩子分辨是非，避免因为一时的冲动而陷入更大的麻烦。在必要时，寻求老师、家长或警方的帮助是明智之举。

三、学会忍让与自我保护的艺术

（一）忍让的智慧

迈克尔·杰克逊的歌曲 *Beat It* 提醒我们，忍让并非软弱，而是一种智慧。在面对轻微的挑衅或无关紧要的冲突时，适当的忍让可以化解矛盾，避免事态升级。但忍让并不意味着无原则地退让，孩子需要学会在保护自己的前提下进行忍让，避免成为被霸凌的对象。

（二）自我保护的策略

除了忍让之外，孩子还需要掌握一些自我保护的策略。例如，尽量避免单独行动，尤其是在校园内外较为偏僻的地方；保持警惕，注意观察周围环境的变化；学会寻求帮助，无论是向老师、家长还是朋友求助都是可行的选择。

四、家庭、学校与社会的共同努力

（一）家庭——温暖的避风港

家庭是孩子成长的摇篮，也是他们面对挑衅与霸凌时最坚实的后盾。家长应关注孩子的情绪变化，及时发现并解决潜在的问题。同时，家长还应与孩子保持良好的沟通，鼓励他们表达自己的感受和需求。在孩子遇到困难时，给予他们足够的支持和鼓励，让他们感受到家庭的温暖和力量。

（二）学校——守护的灯塔

学校是孩子们学习知识、培养品德的重要场所，也是预防和应对校园挑衅与霸凌的关键环节。学校应建立完善的规章制度和监管机制，对霸凌行为实行零容忍政策。同时，学校还应加强师生之间的沟通与联系，及时发现并处理潜在的霸凌事件。此外，学校还应通过开展心理健康教育、举办主题班会等活动，提高学生的心理素质和应对能力。

（三）社会——关爱的网络

社会作为一个整体，对预防和应对校园挑衅与霸凌也承担着不可推卸的责任。社会各界应加强对青少年成长的关注和支持，为他们提供一个安全、健康、和谐的成长环境。媒体应积极宣传正能量和正确的价值观，引导公众关注并参与到预防和应对校园霸凌的行动中来。同时，政府也应加强对校园安全的监管和投入，为孩子们的成长保驾护航。

五、让青春在阳光下绽放

青春是人生中最美好的时光之一，它充满了希望与梦想。然而，在成长的道路上难免会遇到各种挑战和困难。面对校园内的挑衅与霸凌现象，我们不能袖手旁观，只有通过家庭、学校和社会的共同努力，才能为孩子们营造一个安全、健康、和谐的成长环境，让他们的青春在阳光下自由绽放。让我们携手并进，为孩子们的青春护航，让他们的未来更加美好！

第六章

桃源家校共育篇

家庭影响暖桃心

家的权力与孩子的皮肤触觉

—— 隔代教育中的三代人困境与破局

白凤林

在平凡的小学校园里，有一个名叫小阳的 9 岁女孩。这几日，小阳总是脏兮兮的模样，头发也蓬乱不堪，上课的时候更是显得心不在焉。小阳向老师倾诉，最近妈妈和外婆争吵得很厉害，这让她内心充满了恐惧。孩子说，外婆和妈妈晚上吵架，使得她睡不好觉，而一大早她们又接着争吵，以至于小阳来不及梳洗就匆匆赶到学校。

老师对班上孩子的情况都非常了解，她听了小阳的描述，敏锐地判断出这孩子本身并没有太大的问题，正如小阳自己所说，生病的并非孩子，而是她背后的家庭。于是，老师果断地拨通了家长的电话，深入地与家长沟通交流，共同寻找解决问题的办法。

一、家长反馈的问题

在与家长的沟通中了解到，小阳的家庭面临着一系列复杂的问题。由于工作原因，小阳妈妈时常不在家，孩子的爸爸也很忙，经常加班。目前，小阳一家与姥姥、姥爷共同居住，家里还有一个快两岁的二宝。因为教育理念的不同，小阳妈妈经常和姥姥发生争执，有时甚至非常激烈。二宝看到大人争吵就会吓得哭闹，即使妈妈和姥姥只是正常讲话，二宝也会紧张地说："妈妈姥姥不打架！"

给二宝喂饭的问题也让小阳妈妈颇为苦恼，姥姥喜欢喂饭，导致现在孩子自主进食的能力不太好。小阳妈妈表示，他们之间在很多事上分歧很大，虽然没打过架，但是即便正常讲话孩子都会有应激反应。她觉得这种相处模式对孩子多少有影响，内心很想和姥姥分开住，可短时间内又难以实现。

二宝正处于叛逆阶段，什么都要跟大人反着来。在外面看到有"触电危险"标志，告诉她不能碰，她却非要跑过去摸来摸去；在马路边上，不让她乱跑，她却撒手就跑。大女儿小阳倒不怎么让家里人操心，作息规律、学习也认真。然而，姥姥和二宝的问题却让小阳妈妈焦头烂额，以至于影响到了对大女儿的关注。

二、案例背景分析

在这个家庭中，小阳的父母由于工作繁忙，选择与姥姥姥爷住在一起。这种居住模式引发了一系列的问题，其中家庭权力的运作成为了关键所在。很多时候，小阳妈妈可能认为自己是家庭的女主人，但姥姥同样也有这样的想法。这种认知上的差异很容易导致矛盾的产生。

孩子在这样的环境中，会因为大人的争吵而产生不安全感。如果这种担心得不到妥善的处理，很可能会演变成焦虑。就像小阳看到妈妈和姥姥争吵，就会表现出害怕和不安。

对于家庭中的一些具体问题，比如喂饭，建议小阳妈妈适当放弃部分家庭权力，以减少家庭冲突的发生。另外，对于两岁孩子的叛逆行为，要认识到这其实是孩子好奇心和探索欲的表现。妈妈在面对孩子的行为时，可能会有一些焦虑，企图控制所有的危险。比如，在遛马路时，对于焦虑型的妈妈，可以考虑用牵引绳带着孩子出门。在孩子动手摸东西时，要建立规则，首先要问妈妈，妈妈同意后可以摸三下。

三、案例详细分析

（一）与妈妈的沟通与建议

从心理层面来看，小阳妈妈在生养孩子后，工作比较忙，孩子爸爸也忙，于是姥姥、姥爷住到了小阳家，帮助他们照顾两个孩子。然而，在这个过程中，小阳妈妈和姥姥的冲突有一部分来自心理上的原因。从各种情况来看，她们母女俩还没有完成心理上和事实上的独立。由于没有完成这种独立，她们经常会产生一些冲突，但实际上她们并没有特别严重的矛盾。然而，小阳妈妈一直想让姥姥听自己的话。说到底，心理上是因为小阳妈妈和姥姥没有做好良好的情感切割。

从家庭政治学的角度来看，小阳妈妈和姥姥住在一个家里，姥姥原本是家长，现在跟小阳妈妈住在一起，小阳妈妈却以为姥姥已经隐退，不再履行家长职责。但实际上，当老人和小孩住在一起时，只要老人住在这个家里，老人就是天然的家长，是家庭权力的天然运作者。所以小阳妈妈和姥姥会有一些冲突，小阳妈妈一定要认清形势，只要有一天姥姥住在这个家里，小阳妈妈就是姥姥的孩子，是辅佐姥姥的"大臣"，别想去指挥姥姥。当然，姥姥也有可能表面上听从小阳妈妈，实际上阳奉阴违。

小阳妈妈生育之后，面对家庭和工作的双重压力，心里还有点傲气，就天然地认为姥姥是家里的帮手。但小阳妈妈要明确一点，请姥姥来管孩子，就要连同权力一起交给她。因此，小阳妈妈要学会调整心态，认清形势，很多家庭权力要让给自己的母亲。姥姥在家里面说话有分量的时候，她就会心情愉悦，身体也好，带外孙也就带得特别健康。所以，作为女儿一定要认清形势。

（二）与二宝的沟通与建议

两岁孩子的叛逆实际上更多是出于好奇心。他不是不听话，两岁左右的孩子正是好奇心强、喜欢模仿的时候。所以在这个时期，爸爸妈妈如果周末在家，就尽量多做一些动手性强的事情，让孩子看见后跟着模仿。比如妈妈可以包饺子，孩子会很乐意模仿。爸爸也一样，多做一些家务，让孩子们都参与进来。

那么要怎样控制孩子的手呢？事实上不要去控制。但有些家长怕孩子出意外，很难不加以控制。其实要防止孩子因为某些行为而出事，就要教孩子建立某种规范。很多孩子在外面时，大人会给孩子吃一颗糖，大部分孩子都会问妈妈，妈妈同意了他们才拿，这就是一种规则。所以当孩子要拿一个东西或摸一个东西时，也要建立妈妈同意的规则。尤其带孩子去公共场所时，从来没有碰过的东西，要经得妈妈的同意才能碰。在陌生场合、公共场合，任何东西未经请示都不能摸。

比如，有些小朋友喜欢去摸狗，那么要建立一个规矩，摸狗之前要先问主人，能不能摸、会不会咬人、摸的话摸哪里。一个是请示，第二个家长也需要和孩子进行协商，对于带有危险性质的触摸，具体摸几次又安全又有礼貌。用这样的方法满足孩子的好奇心，与此同时也可以控制有可能发生的危险。

（三）孩子的皮肤触觉培养

小孩子有天然的好奇心，不要去剥夺孩子的好奇心。孩子是通过皮肤的触觉去感受和学习的。触摸让孩子们能感受这个物体到底是什么材料的，是轻的还是重的，是冷的还是热的。两岁孩子的皮肤是"饥饿"的，他需要触摸大量的东西去填补这种饥饿感。

要建立触摸规则，让孩子充分去触摸各种东西。比如这是木头、这是塑料、这是泡沫、这是树枝……慢慢地，孩子的皮肤触觉能识别各种东西，逐渐形成一套辨别系统。所以小孩子不断去摸一些东西，这是非常正常的。家长不要去一味阻止，只是要建立规则。在摸东西之前要问身边的大人，这个我可以摸吗？我可以摸两下吗？这样孩子下次就知道遵守这个规则，他就可以满足他的兴趣，并发展他的皮肤触觉。

四、总结与启示

通过与小阳妈妈的沟通，小阳很快就走上了正轨。这让我们明白，当家长出现问题导致孩子有"症状"时，应该让家长去解决问题，而不是去打扰孩子。

在隔代教育中，家庭的权力分配和孩子的皮肤触觉等问题需要家长们认真对待。通过合理的权利分配、适当的引导和规范，以及营造和谐的家庭环境，我们可以为孩子的成长创造一个良好的条件。同时，家长也要关注孩子的心理需求，及时处理孩子的担心和焦虑，让孩子在健康、快乐的氛围中成长。

家庭是孩子成长的摇篮，每一个细节都可能影响孩子的未来。让我们用爱与理解去构建一个温暖的家庭，让孩子在这个摇篮中茁壮成长。

家校沟通，耐心陪伴，愿孩子一帆风顺

白凤林

一、案例背景

小风今年 10 岁，读小学四年级。他 9 个月大时父母离异，妈妈重组家庭，爸爸是自由职业者，常年外出务工，他由爷爷奶奶抚养至今。

我任这个班的数学老师，因为平时跟他接触比较多，对他关注也比较多，所以他课上课下总会找机会黏着我，问东问西的，也比较听我的话。但一旦因为某些事生气，则谁的话也不听。后来，小风的情况变得有点糟，上课越来越不遵守纪律。他上课玩扫把，做着鬼脸，在教室里爬来爬去，日常的课间操他也不做了，就站在那里玩。

各科任老师都反映他的种种不良表现。比如上课经常违反纪律，老师让他站在旁边，他骂骂咧咧地说："我不学了！"还跑出了教室。课间在教室里爬窗台，保安招呼他不要爬窗台，他骂了保安十几分钟。还有一次课上，老师让他把课本拿出来，他径直跑出了教室，边骂边跑，自顾自地回家去了。

二、案例分析及解决过程

（一）案例分析

孩子平时爱黏着老师，一发脾气谁的话都不听，这就叫作脾气倔强、偏执，人有脾气很正常。上课的时候做小动作、玩扫把，属于一般调皮的孩子都会做的事。但是在教室里爬就显示出了问题，上课的时候，在教室里到处爬，也不觉得难为情，这就有点疑似多动症。做鬼脸，就是多动症的典型症状。而且，喜欢骂人应该是比多动症更严重的污言秽语症。孩子不能完整地完成一项任务，比如无法做课间操，这就是还存在注意力缺损的问题。在小学生身上发现这些症状，这就意味着如果不干预，他在学校就无法正常学习，需要家长带到权威机构进行诊断，只有控制了病情，孩子才能跟其他孩子一样，学会基本的知识，锻炼出基本的交往能力。作为他的老师，我决定尽我所能，为孩子做些什么。

（二）解决问题的过程

1. 初上阵便碰钉子

刚接手这个班时，小风还在读二年级。有一次小风跟同学打架，我叫他上讲台来调解，他气鼓鼓的就是不上来。我当时的判断是这孩子脾气比较倔强，于是我走到他身边，轻轻地拍了拍他的后背以舒缓他的情绪，再告诉他："老师知道你有委屈，会还你一个公道。"小风的情绪慢慢缓和下来，事情才得以顺利调解。

2. 再交手一败涂地

小风放学后都是去托管班写作业，但经常无法完成作业，也不交作业。一找他要作业他就生气，生气就会激动，然后就在教室里乱跑。他上课时偶尔还会发出一些奇怪的低鸣声。我当时已经意识到孩子有些多动症的特征，与家长联系沟通之后，家长答应会处理这种状况，但情况依然没有丝毫转变。

3. 妈妈带不可收拾

到了三年级之后，小风的状态越来越糟糕，我再次联系了小风的妈妈，当时他的父母已经是离异状态。小风妈妈知道情况后决定陪伴他，带着他学习一段时间。那段时间小风的情况好了很多，作业基本上能按时交，但一离开妈妈，还是不交作业。不仅如此，孩子的表现也变得更糟糕了，又出现了上文描述的现象。综合他的种种表现，我判断孩子已经生病了，需要家长带到权威医院进行诊断治疗，才能从根本上解决问题。

4. 无法说服的家长

小风的爸爸终于来到了学校，我尝试着把小风情况告诉了他，希望他能带孩子去正规医院医治。

小风爸爸了解情况后表示，小风骂人就是一个祖传的毛病。他说他自己就经常骂人，带小风的奶奶也是脾气很大，爱骂人。他觉得小风的坏习惯是跟家里人学的，这个问题没什么大不了的，觉得不太重要。他认为小风不用去医院，并承诺会在家里慢慢改变家庭氛围，慢慢教育。

我再次把小风的情况重申了一遍，做了进一步的争取，但小风爸爸态度一直很强硬，我只好败下阵来。但并不代表作为老师的我什么都不做。

5. 守着课堂独自摸索

小风爸爸的脾气很火爆，且他已经明确表示孩子没有太大问题，不会带去医院。作为老师，仅凭症状下的结论，不太有立场继续坚持。碰到这样的孩子，在完全不接受专业治疗的情况下，作为老师我到底能够做些什么呢？

（1）母子亲情促成长

据我观察，小风非常爱妈妈，且真心希望妈妈能开心。我抓住这一点，只要小风在数学课上表现得好，比如，发现他书写很认真，我就会拍成视频发给他妈妈。并且告诉小风，他的表现让他妈妈非常开心。于是慢慢地，他上课认真的次数越来越多。

（2）沟通管理稳日常

1）课间有效沟通

小风课下比较喜欢黏着老师，看到他心情好状态好的时候，多和他聊聊天多表扬他。指出他最近表现好的地方，反复表扬。多多关心他最近的学习和生活情况，问问他最近有没有交到朋友，告诉他和同学之间要友好地相处，不要总生同学的气，要学会宽容。小风是特别缺爱的孩子，这就需要老师尽量多地去关心他，用爱温暖他。在逐步增进的师生感情中，他上课表现好的次数自然就会越来越多。

2）老师间接管理

当小风违反班级纪律，需要扣分时，都由班委的同学具体执行。老师尽量不要出面，要避免这样的矛盾。要保持好师生之间这种好的情感连接，以便以后工作的展开。

（3）特殊关注定课堂

1）独自玩耍忽略不计

班上有这样特殊的孩子，维持正常的上课秩序很重要。比如，只要他一个人在座位上安安静静的，就尽量不打扰他，不对他做过多的要求。哪怕他一个人在教室里走来走去，只要不打扰其他同学，不影响上课，我也不批评他，他跳一会儿就会自己回到座位上。这样闹腾的情况，一般来说，下午课比上午课更严重一些。

2）影响同学坚决制止

小风有时候会在座位上转来转去，只要他的动作不是太大，不至于影响到周围同学，我就视而不见，并提醒他周围的同学，注意集中注意力。有时候小风会无缘由地失控，比如，把纸团塞在嘴里嚼碎，四处乱吐；会无缘无故地去打周围的同学，危及同学的安全，我会立即温和坚决地制止他，并立即把他和同学隔离开，让他没有打扰同学的机会。也会及时地把他的家长叫来，尽量避免一些不必要的事情的发生。因为一直和小风保持着良好的沟通状态，他的情况渐渐趋于稳定。

3）正常学习及时关注

在小风的精神状态比较好的时候，我就会抽他起来答一些题，让他走上视频台给大家做示范。他偶尔也会主动到黑板上来解答题目。虽然他上讲台也会当全班同学面做鬼脸，在视频台上写作业时会注意力不集中。但我还是会抓住机会，找出他的优点，在课堂上大声表扬他，给他信心。

有时候他因为在课堂上做不出题，输掉了比赛，会感到很挫败。我看他眉头紧皱，快要生气的时候，会立即对着全班同学说："胜败乃兵家常事，现在做不出来的题目，下次要争取做出来，大家可不能生气啊。"这样不针对他一个人的劝说，很大程度上保护了他的自尊心，又能起到安抚的作用。很快我便发现他的表情平和了下来。

这样一节课下来，虽然磕磕绊绊的，但小风的学习时间都能保持在 20 分钟左右。

（4）家校联合控现场

有一次我去班里值勤，一进教室门就看见小风一个人站在讲台上，不知道他在为什么事生气，喊也喊不应，叫也叫不走。这样的情况立刻引起了我的警觉。小风大部分时间还是比较听话的，叫他也是愿意跟着走的，不会沉浸在自己的情绪里面那么久。看到他的这种状态，我知道不能再去劝他了，以免跟他发生激烈的冲突。这时候我立即通知了班主任老师和学校领导，以预防意外情况的发生。

有一次在课堂上，小风突然告诉我，他实在是不能上课了。我赶紧让见习的老师带着他去操场玩一会儿，然后通知了家长来看望他。

三、成效及总结

（一）成效

1. 小风的变化

经过长时间的努力，近几个月来，小风几乎每天都会上交数学作业，偶尔还会想出一些别人想不出来的解题思路。在一次数学课上，有一道题目是遮住三角形的另外两个角，露出一个锐角，猜可能是什么三角形？很多同学都肯定地说是一个锐角三角形。正当大家的思路都陷入死胡同的时候，小风站起来说，可能是一个钝角三角形，并画出了简易的图形给大家看。顺着他的思路，另一名同学答出还可能是一个直角三角形。在课堂上，小风给我们的惊喜越来越多。

2. 家长的变化

有一天中午，小风再次发作，怎么叫也不听，一个人玩东西玩了两个小时，他的家长让其姑妈来学校看望。还有一次，一大清早孩子就开始闹腾，没缘由地往教室外面跑，怎么叫也不进来。小风是很少在清晨发生状况的，我给小风妈妈打了电话，再次申明孩子的种种状况极大可能是生病了。小风妈妈终于同意暑假期间带孩子去检查。小风的表现让人着急又心疼，以防万一，我再次给小风爸爸打电话说明了情况。告诉他小风极可能是抽动秽语症，同时罗列出抽动症、污言秽语症的一些典型特征。我告诉他必须带小风去医院看病，听医嘱，孩子才能正常地生活学习。所幸的是，小风爸爸也从各种现象中意识到孩子真的生病了，答应带孩子去正规医院检查。

我还告诉家长，基于小风的情况，我们会专门为他调整作业量。并告诉他小风在考试前也许会有一个发作的高峰期，我们在学校会帮助孩子做腹式呼吸，建议家长在家里也要帮助孩子做，可以缓解他的症状。

（二）总结

作为老师，我们会碰到各种各样的孩子。像小风这样的孩子，生了病，家长又意识不到的时候，我们能做的工作还是很多的。除了尽量从专业的角度分析给家长听，让孩子尽快得到正规的治疗，我们还可以通过安排孩子的学习和休息，来帮助孩子缓解症状。我相信通过学校、老师与同学的共同努力和关爱，小风一定会慢慢走上正轨。

对于孩子，我们的付出，有时候会有回报，有时候没有回报，当我们坚持去做，积累到一定的量时，一定会有意想不到的收获。当家长不明白，对老师有误解的时候，我们要反复劝说，用专业的理论和铁的事实说话。家长都是爱孩子的，老师的不懈努力以及坚持，终将感化家长，让事情朝着正确的方向发展。愿天下的孩子都能一帆风顺，快乐健康的成长。

超越与文明

白凤林

在探讨人类成长的复杂路径中,"超越与文明"这一主题如同一条隐形的线索,贯穿了个体、家庭乃至社会的演进历程。它不仅关乎孩子与父母间微妙而深刻的互动,更触及了人性中对伟大与卓越的永恒追求,以及在这一过程中,文明之光是如何悄然绽放的。

一、家庭——冲突与传承的熔炉

家庭,作为社会的基本单元,是每个人最初也是最重要的学习场所。在这里,孩子与父母的冲突,尤其是父子与母女间的张力,构成了家族遗传中不可或缺的一环。这种冲突,表面看似矛盾重重,实则蕴含着深刻的教育意义。在家族血脉的延续中,孩子通过模仿、挑战乃至反叛父母的行为模式,逐渐形成了自己的性格与价值观。

尤为显著的是,父子之间的冲突往往被视为男性成长的催化剂。

对于男孩而言，与父亲的"作战"不仅是力量的较量，更是对勇气、智慧与责任感的磨砺。勇气，这一看似无畏的品质，其内核实则是对恐惧的直面与克服。在与父亲的交锋中，男孩学会了如何在恐惧面前保持坚韧，如何在逆境中寻找出路，这些经历最终铸就了他们独特的男性气质。

二、崇拜——超越的桥梁

然而，真正的超越不仅仅局限于家庭内部。随着年龄的增长，男孩们的目光开始投向更广阔的世界，他们开始崇拜那些在各个领域取得卓越成就的伟大男性。从足球场上的C罗、梅西，到历史长河中的巴顿、切·格瓦拉，乃至科学殿堂中的巨匠，这些偶像成为了他们心中的灯塔，指引着他们前行的方向。

这种崇拜不仅是对个人魅力的仰慕，更是对一种精神力量的追求。男孩们通过了解这些伟大男性的生平事迹，学习他们的思维方式、处世哲学以及面对挑战时的坚韧不拔。这种学习过程，实则是对自我边界的不断拓展与超越，他们开始意识到，只有不断追求卓越，才能摆脱父辈的影响，成为真正独立的个体。

三、母亲的智慧——文明的催化剂

在这一过程中，母亲的角色更加不可或缺。她不仅是家庭的守护者，更是孩子成长道路上的引路人。当父子之间发生冲突时，母亲往往会以旁观者的身份介入，用她的智慧与温柔为这场"战争"注入一丝理性的光芒。她不仅会对父亲的行为进行价值评判，更会对孩子进行引导，让他们明白哪些行为是值得效仿的，哪些则是应当摒弃的。

母亲的存在，为父子间的冲突提供了一个缓冲地带，使得他们的对抗不再是无谓的争斗，而成为了一种有益的教育手段。在她的影响下，孩子学会了如何以更加文明、更加理性的方式去处理人际关系，去面对生活中的种种挑战。这种文明化的过程，不仅让家庭更加和谐，也为孩子未来的社会生活打下了坚实的基础。

四、超越与文明的共生

综上所述，"超越与文明"是一个相辅相成、相互促进的过程。孩子在与父母的冲突中学会成长，在崇拜伟大男性的过程中实现自我超越，而母亲则以其独特的智慧与温柔，为这一过程注入了文明的元素。正是这些看似平凡却又充满力量的互动，构成了人类社会不断前行、不断进步的基石。

在这个高速发展的时代里，我们更应珍视家庭的力量，重视教育的作用。让我们以更加开放的心态去拥抱冲突与挑战，以更加坚定的信念去追求卓越与伟大。同时，也不要忘记在追求的过程中保持一份理性与文明，让我们的成长之路更加宽广、更加光明。

"挚友"与"玩伴"的边界
——一个五年级男孩的成长探索

白凤林

引言：在自由与规则间徘徊的童年

在一个充满书香与温暖的家庭里，有一位五年级的男孩，李明（化名），他的成长轨迹如同一条蜿蜒的河流，时而平静，时而湍急。李明身高近一米六，体重中等偏上，是家中的长子，还有一个年幼的妹妹。他的家庭背景优越，祖辈是受人尊敬的医生，父母则分别在教育与自由职业领域有所建树。然而，在这光鲜亮丽的背后，李明的成长之路却并非一帆风顺。

一、家庭的双刃剑——自由与放纵的界限

（一）家庭环境的双刃剑

李明生活在一个物质条件极为丰富的家庭，但这种优越也伴随

着双刃剑的效应。父亲早年从军队退伍之后投身商海，实现财务自由后，选择在家陪伴孩子成长，却因沉迷游戏，未能给予李明足够的正面引导。母亲虽为高中教师，但面对二孩的降临和丈夫的"缺席"，在家庭教育上显得力不从心。这种家庭氛围，让李明在享受物质充裕的同时，也感受到了精神上的空虚与迷茫。

（二）自由与放纵的模糊边界

李明从小便展现出对自由的渴望，但这种自由在缺乏有效约束的情况下，逐渐演变成了放纵。他不爱做作业，对学习的兴趣似乎只停留在表面。然而，凭借着天生的聪慧，他依然能在考试中取得不错的成绩，这进一步加剧了他对学习的轻视。母亲试图通过逐题辅导来弥补，但效果甚微，反而激发了李明的逆反心理。

二、社交的迷宫——选择与影响的双重奏

（一）"坏朋友"的吸引力

在学校的社交圈中，李明似乎更倾向于和那些学习习惯较差、比较顽皮的孩子为伍。他们一起逃避作业，享受课堂上的"小乐趣"，这种短暂的快乐成为了李明逃避现实压力的方式。然而，这种选择也让他在无形中失去了与优秀同龄人交流的机会，限制了他视野的拓宽和能力的提升。

（二）"好孩子"的排斥

与那些成绩优异、习惯良好的孩子相比，李明显得格格不入。他无法融入那个更为严谨和自律的群体，这种排斥感让他更加坚定了与"坏朋友"为伴的决心。但实际上，这种选择更多是基于一种逃避心理，而非真正的价值认同。

三、教育的困境——传统与创新的碰撞

（一）教师的无奈

面对李明的顽皮，老师们往往感到束手无策。他们中的一些人选择了忽视，将李明排除在群体之外。这无疑加剧了他的孤独感和反叛情绪，使李明更加游离于教育体系的边缘。

（二）创新策略的探索

面对这一困境，有识之士提出了创新的教育策略。他们建议通过赋予李明一定的管理职责，如担任值日生监督官之类的角色，让他感受到被重视和认可的同时，也培养他的责任感和荣誉感。这种策略旨在将李明重新纳入正式群体之中，引导他逐步改变不良习惯，实现自我成长。

四、成长的启示——顽皮背后的潜能与幸福

（一）顽皮并非罪恶

李明的故事让我们重新审视"顽皮"这一标签。在很多人眼中，顽皮的孩子往往被视为问题学生，但实际上，他们中的许多人只是以不同的方式展现自己的活力和创造力。正如前文所述，李明虽然顽皮，但他聪明、反应快、团队合作能力强，这些都是他未来成功的宝贵财富。

（二）动手能力与幸福感

动手能力强的孩子在未来社会生活中是相当具备竞争力的。李明喜欢与那些顽皮的孩子一起玩，实际上是在寻找与自己水平相当、能够共同进步的伙伴。这种基于兴趣和能力的社交选择，有助于他们在团队合作中发挥自己的优势，实现个人价值和社会认同。

五、结语：理解与引导，共筑成长之路

（一）家庭与学校的共同责任

李明的故事提醒我们，家庭和学校是孩子成长道路上不可或缺的两个部分。家长应给予孩子足够的关爱和引导，避免过度放纵或严格控制；学校则应创新教育方法，关注每一个孩子的个性发展，为他们提供展示自我、实现梦想的舞台。

（二）理解与包容的力量

最重要的是，我们要以更加开放和包容的心态去理解孩子。顽皮并非罪恶，它只是孩子成长过程中的一种表现。当我们以理解和包容的心态去接纳他们时，就会发现他们身上的闪光点和无限可能

性。让我们携手共筑一条充满爱与理解的成长之路，为每一个孩子点亮未来的希望之光。

小太勤快了

——家校共育，促进学生成长

白凤林

一、案例背景

下课铃响了，我抱着一大堆作业往教室走去，上到四楼，碰到了班上的小太同学。我刚想叫他帮忙抱一下作业本，他一溜烟就跑了，边跑还边回头看，红着脸有点不好意思。

这个孩子有点特殊，刚上四年级，个子已经快赶上老师了。老师指派的事情，他从来都做得不情不愿，比如，叫他收发一下卷子，或者到办公室取个东西，再或者学校有活动，让他参与演出，他都不愿意。

孩子的这些表现，引起了我的关注。如果长此以往却不加以引导，孩子就有可能在将来的社会生活中错失很多良机。那么要如何引导呢？万物皆有裂痕，那正是阳光照进来的地方。我打开了好老师 App，开始查阅资料以及案例。

二、案例分析及解决过程

老师叫他做什么，他总是不情不愿，四年级的孩子有这样的行为好吗？这是怎么回事呢？

小学一年级到六年级，在这六年的时间里面，儿童会经历两种道德水平：一种是朴素的利己主义；一种是好孩子。朴素的利己主义是指小学一至三年级的孩子认为，我做一件什么事情，我应该有好处的。好孩子是指做别人眼里的好孩子，在学校做老师认为的好孩子，在家里面做爸爸妈妈的好孩子。

我初步认定，小太的道德水平还处在朴素的利己主义阶段。

（一）家校联系，问询情况

1. 追求公平与利益的小太

联系家长后了解到，小太家里姐弟两人，平时姐姐找他要个苹果吃，他说可以的，但你得给我五角钱作为交换。在家里给爸爸妈妈跑腿的时候也是要拿跑腿费的。如果没有物质方面的奖励，就没有办法使唤他，他会生气，还会嚷着说"不公平"。

如此看来，小太特别喜欢交换。怪不得我叫他到办公室去拿粉笔，他拖拖拉拉的，拿回来后嘴巴动了几下，欲言又止地又跑到自己座位上去了。我再次认定10岁的小太的道德水平仍处在低年级的朴素利己主义阶段。

小太做事追求好处，他对于公平，或者说对利益有一点过度追求，就导致他在做事的时候有点刻板，总想要获取利益，而我除了口头表扬，什么也没有给到他，导致他心里不太乐意。

2. 班里同龄的"别人家"的孩子

这个到底对不对呢？反观我们班上的其他孩子，他们中的一部分早在二三年级的时候，在学校里面听老师的话，老师叫干什么他就去干什么，在家里爸爸妈妈发布的指令他都很乐意去执行。这部分孩子的家长平时也很开心，觉得我们家孩子挺好的，我就是想让他做个这样的好孩子。

这些孩子的道德水平的发展要比别的同学要快，他们的道德水平已经跨越了朴素的利己主义阶段，已经到达了好孩子阶段。他们做事情有自己的想法：我想成为某某一样的人。

3. 小太就是典型的"自己家"的孩子

两相对比之下，我越发肯定，小太的道德水平还处在朴素的利己主义阶段，刻板地事事追求利益，并且过度追求公平。这种孩子在这个年龄阶段非常普遍，也非常正常。

（二）家校协作，训练的方法

我先告诉小太的爸爸妈妈不用着急，同时也提出我们要把孩子的道德水平努力地朝着更高一级的方向发展，制定出改善小太朴素利己主义的方案。

1. 从日常养成开始表扬，培养孩子的精神需求

如孩子状态良好地回家，他按时上床睡觉，家长就要表扬，我们家儿子真的非常服从纪律。

再比如说小太把很重的一袋米扛上楼。就表扬："哎呀，我们家儿子长成小伙子啦。"从生活的各个细节，时时处处，人前人后要多表扬小太，夸奖小太。满足孩子的精神需求，塑造孩子的精神世界。

一段时间下来，小太的日常行为取得了不小的进步，学习上也积极了很多。在单元测试中，取得了比以往都要好的成绩。

2. 爷爷的商业模式夸奖，再次强化孩子的利己主义思想

小太爷爷看到他的进步，高兴坏了，还奖励小太："这次你考得非常好，我奖励你 500 元的大红包。如果你下次考两个 100 分，那么我就带你到北京转一圈。"一开始，小太的积极性得到了极大的提高，半年后就不太见效了。

爷爷这种类似于商业模式的奖励，再次强化了孩子的利己主义思想，使孩子认为，我做一个什么事情，就必须要得到某种奖励。

3. 妈妈的言传身教，孩子的飞速成长

小太的朴素利己主义阶段的道德水平，想要达到更高一级，不能跳跃、不能飞。于是我提议，妈妈在家里面要言传身教，妈妈要有意识地记住小太有可能会过度追求公平，妈妈在家里面要坚持对小太实施表扬。

由于妈妈的言传身教，影响了家里人对小太的激励方式，减弱了商业化的刺激。同时，也经由妈妈的言传身教，让小太发现家里人无私付出的现象，

经由家庭成员之间无私奉献，亲密团结的氛围，影响到孩子的做事动机，从而培养孩子精神世界的需求。

妈妈经常有事没事让儿子帮自己去做一件事情，然后实施表扬，表扬不是物质表扬，是精神表扬。我提议妈妈在小学中高年级阶段，要善于使用精神奖励和精神表扬，以便于让孩子的精神世界发生蜕变，成为那种追求好孩子精神享受的孩子。

4. 家庭社会的认可，积极有为的小太

一段时间下来，小太给家里人做事再也不索要报酬了。于是我

再次提议，继续把小太推往好孩子阶段，提议孩子为家里的老人、为村里的孤寡老人、为社会团体提供某些帮助，如参加志愿者团队，为团体贡献力量，然后受到团体、家长及老师的表扬，他会很开心很快乐。

三、成效及总结

小学阶段，如果有一部分孩子还处在朴素的利己主义阶段，那么我们应该采用一些方式来推动他们朝着一个更高级的方向发展。

家庭是孩子的第一所学校，孩子的所有问题都是家庭教育问题的一个缩影。当我们发现孩子的问题，就要与家长积极沟通与配合，确保孩子在道德品质方面能走上一个新的台阶。

（发表于 2021 年 5 月《爱情婚姻家庭教育科研》）

特殊应对护桃苗

啃指甲的小男孩
—— 抑郁前的关注与温情干预

白凤林

在校园的一角，有一个 11 岁的小男孩，他似乎在学习的道路上有些迷失。小男孩成绩不算太差，但学习习惯着实令人担忧，上课不听讲也不做笔记，作业书写极为马虎，每一个笔画都弯弯曲曲。然而，当老师在课上课下守在他身旁让他做题时，他却能完成得不错。小男孩的座位在班里的最后一排，那仿佛成了他的小小"基地"。上课时，他喜欢在教室后面转来转去，扔扔垃圾，或者趁着老师不注意，悄悄下位跑跑，小动作不断，时而接话，时而不起立，对日常规则视若无睹。老师的眼神示意通常能起到一定效果，而讲课时，他有个特别的习惯 —— 爱啃手指头。从一年级开始，这个习惯就如影随形。家长为此苦恼不已，尝试了民间的各种方法，却始终不见成效。细看他的手指，十根指头顶端都是粗粗的，总有血迹和结痂。

当违反课堂规定时，老师能明显感受到他的抵触情绪。不过，这个小男孩也有令人惊喜的一面，他的体育成绩相当出色，篮球、足球都玩得很溜，跑步也不在话下。参加足球比赛后，他经常得到表扬，那时的他表现良好，变化很大。但可惜的是，过一段时间，他又会回到原形。老师们尝试了各种办法，家校沟通、表扬、鼓励、讲道理，上课抽问时他会积极表示想来，甚至大喊"我来"，可真抽到他时，每次都不回答，不上黑板去写也不说。他长期紧张脸红，精神难以放松，处于戒备状态，不过嘴巴倒是很甜，课上课下都会喊老师。这个小孩就像一辆陷入泥潭的小车，一直难以推动。

一、深入剖析案例背景

这个 11 岁的小男孩，虽然成绩不佳，不听讲不做笔记，却能在老师的辅导下听懂课，作业也能基本完成。这表明他的智商并无问题，认知系统也没有特别的毛病。他的理解力正常，认知过程中的感觉、肢体记忆以及思维都较为正常。

小男孩书写马虎，每一个笔画都是弯的，这其实是一种"画字"现象。在小学一年级或更早的时候，部分孩子会出现这种情况，把绘画技能运用到写字当中，这种情况也比较常见。他并非在真正地写字，而是在画字。

小男孩坐在最后边，常常在课堂上转来转去、下位跑跑，小动作频繁，还会接话，这显然是不遵守规则的表现。他可能有多动倾向，虽然去做检查又不能确诊，毕竟确诊需要生化指标方面的数据。目前来看，他不遵守规则确实是个问题。

小男孩在课堂上特别爱啃手指头，这是一种强迫性行为。这种行为的形成，与他成长环境中的严厉教育者息息相关。这个严厉的教育者经常呵斥他，让他心生恐惧。为了躲避这种恐惧，他便产生了强迫性的行为。

首先，这个孩子自身有多动倾向。尽管有严厉的家长管教，他依然不守规矩，这恰恰说明他的家庭教育存在问题。但这并非大问题，在班级里这样的孩子并不少见，一个班级至少有两三个，多的时候甚至十来个。幼儿园里也经常有这样的孩子。总之，这个孩子有多动倾向，但其产生的原因并不明确。

其次，家长偏严厉的教育方式是问题的根源。家长的教育方式存在问题，通常以母亲为例，比较严厉、强势。这里的严厉强势并非指她能够传授解决问题的技能、方法，而是经常训斥、盛气凌人。这类家长经常会让孩子感到害怕和委屈。孩子在这样的环境下，会把自己伸向世界的触角收回来，不敢直接与世界发生联系。

最后，孩子的压力需要释放。当外界对他的控制有所放松时，他就会寻找机会获得自由。当老师讲课时或去管别的孩子时，他发现没人管自己，就会做一些自己的事情，实际上这是在避其锋芒。他能想到避开管教者的锋芒去做自己的事，说明这个孩子内在的冲动性很强，精神上的压力很大，需要找机会释放。

小男孩体育成绩好，篮球、足球都擅长，跑步也很出色。这可能是遗传了父母某一方生理上的优势，所以在体育方面表现出色。如果他能正常组团去踢足球或者打篮球，应该是有朋友的，也懂得"江湖"规矩。一个小男孩从小就能打篮球、踢足球，肯定有一些小伙伴，能够和别人友好相处。从这一点来看，这个孩子将来进入社会应该是没有什么问题的。因为体育好的孩子，特别是会打篮球、踢足球的孩子，往往更容易适应社会。

家长为了改掉小男孩啃手指头的习惯，尝试了各种民间方法，如在手指头涂药水、涂苦瓜汁、涂辣椒水等，但都没有效果。老师也采用了多种方法，如家校沟通、表扬、鼓励、讲道理，可效果还是不明显。上课抽问时他会积极响应，但真抽到他时，他又不回答，不上黑板去写也不说。他长期处于紧张戒备状态，却又嘴甜，课上课下都喊老师。

二、对孩子前景的担忧与预测

对于这个小男孩，教育者想要让他取得好成绩是比较困难的，因为他在学习上不够专心。

这个孩子可能会持续有强迫性行为。他本身并不笨，但有些题目无论老师怎么引导，他都不会。他体育素质好，人际关系也不错，还懂得遵守人际关系的规矩。然而，在课堂上他又不守规矩，还有啃手指头这样的强迫性行为。

如果母亲继续以颐指气使的方式控制孩子，这个小男孩很可能会朝着抑郁的方向发展。这种潜在的风险令人担忧。

三、专业的分析与温暖的设想

这个孩子的现状很大程度上是家长教育的结果。如果学校的老师要对这样的一个孩子进行干预，那他上课是不是能遵守规矩，不跑上跑下呢？

首先，解决方案在于家长调整自己的情绪。家长需要对这个事情有一个彻底的领悟，在教育过程中，情绪性的教育一定要退出。通常来说，在家庭中那个让孩子从骨子里感到害怕的家长，以妈妈居多。这个母亲务必控制自己的情绪，尤其是对儿子，不能用强烈的情绪去教育他，否则儿子精神上会受到创伤。这样的孩子在某个成长阶段可能会出现反弹，一般来说是在初中或者高中的时候。严厉管教的孩子在那个时候可能会出现问题，这是难以预测的。如果在多子女家庭中，这个孩子的情况可能会有所好转，因为妈妈很难一对一输出。幸运的是，这个孩子有一个妹妹。

其次，老师要降低对孩子学业的期待。对于这个孩子，不能期望他在短期内有特别大的变化，毕竟他的情况和家庭关系密切。这个孩子如果要有所变化，能够安心地在课堂上学习，关键在于他不受到情绪上的压力，而这种情绪压力通常是家长给的。

从学校管理层面来说，只要这个孩子不闯祸就好。随着年龄的增长，这个孩子可能会启动闯祸程序，比如安全问题就值得注意。

四、制定方案后展开的温情活动

对家长进行劝导，让他们改变情绪，不要过分严厉，控制坏的情绪。有些家长意识不到自己的严厉，总说自己不严厉。但这个小男孩的家长一听分析就立马承认了，并且做出了改变。效果也很明显，孩子上课不再乱跑，接话的情况减少了，书写也有一些改善。

对孩子的劝导也分两个方面。关于接话，老师把他叫到外面谈话，告诉他接话对老师和同学的影响。老师又讲到从小教他到大，每一节课都要守着他做作业。话没说完，孩子的眼泪就流了下来，这眼泪既有悔恨，也有委屈。从那以后，接话不再发生。

关于学习动力，老师制造了一个特别的事件，攻入了他的内心深处。老师把他叫到办公室，让他看老师的教学笔记，那高高的一摞笔记让他逐一翻看。孩子一边看一边点头，认可了老师的付出。然后问他，老师这么做值不值得？他点头说值得，因为学习是通向世界的捷径。接着告诉他，他把字写成弯的，是因为他不敢开辟属于自己的战场。既然能在球场上拼出一片天地，在学习和生活上为什么还在退缩呢？

从那天起，孩子的一切行为都在向优秀靠近，极少有不良行为的发生。这样的状况已经持续一个多月了，老师们都在期待着这种良好的状态能够一直保持下去，不知道还会不会反弹。但无论如何，大家都在为这个小男孩的改变而感到欣慰，也希望他能在温暖的关爱与理性的引导下，健康快乐地成长。

"碰哭精"变"人精"

——不会抑郁的孩子

白凤林

一、案例背景

在充满活力与挑战的校园里，有一位独特的五年级男生。他年仅 11 岁，个子小小的，看上去有些营养不良，让人不禁心生爱怜。

他的家庭状况较为复杂，父母离异，他是三个孩子中最小的那个。爸爸妈妈对他们疏于照顾，主要由奶奶照料，然而奶奶也难以有效地管束他。他的衣服和脸常常是脏兮兮的，仿佛在默默诉说着他被忽视的童年。他的姑姑是老师，每个学期会给他进行为期一个月左右的突击辅导，成绩一直中等偏下，虽不算太差，但也反映出他在学习方面存在一定的困难。

在学校里，他不太守纪律，家庭作业和课堂作业常常不能完成。他几乎没有什么特长和兴趣爱好，玩伴主要是哥哥和班上几个个子小的同学。他的校园生活看似平淡，却又暗藏波澜。

近期他的行为变得十分奇特。每天课间结束回到教室后，他经常会放声大哭，那哭声仿佛能穿透墙壁，让人既心生怜悯又感到困惑。有一次上课期间，他哭得惊天动地，怎么劝都无法止住。他姑姑得知消息后，心疼不已，急忙赶到教室，在未了解清楚情况的前提下，就责备了班上的几个孩子。

老师经过了解，发现大家都说他调皮捣蛋，经常会去招惹大家，而一旦别人还击，他就会哭泣。班上的孩子都对他的行为感到不满，一致对他进行声讨。在学校开展心理活动问卷调查时，他竟然写下想自杀的字眼，这件事让老师们忧心忡忡。

为了控制局面，老师采取了一个办法：每天把他叫到办公室，课间休息让他单独待着。这样一来，他不与同学交往，就不会哭泣。但有一次老师稍微没注意，他又与一个同学发生冲突，再次号啕大哭，那模样好像受了极大的委屈。

二、案例分析及解决过程

（一）民间的"碰哭精"

班上的这个小孩儿，一碰就会哭，这种现象在民间被称为"碰哭精"。回忆起小时候，我们也能找到这样的同学，不碰他的时候，他还会主动来招惹你，一碰就哭。

1. 没有规律的照料

深入了解这个孩子的情况后，我们发现他的父母离异，兄弟姐妹有三个，家长们对他们的照顾不够，奶奶也难以完全承担起照顾的责任。小孩个子小，明显营养不良。三个孩子都由奶奶照顾，奶奶大概只能保证他们有吃的，至于吃得好不好、饱不饱，就难以顾及了。总体而言，这个孩子在婴儿期，监护人对他的照料缺乏规律。没有规律的照料会让婴儿形成心理上的不安全感，这种不安全感可能会伴随他一生。比如，天气转冷时，别的孩子可能会及时添衣，而他却可能穿着拖鞋过冬。家庭对他的照料缺乏规律，使他缺乏安全感。

2. 害怕时没有依靠

孩子大约在两三岁的时候，会对外部的风霜雨雪非常害怕，尤其是刮大风、下大雨的时候。这个时候，孩子需要有监护人在身边给予安全感。然而，这个孩子在这些时候没有成年人可以依靠。当他受到外部恐怖刺激时，没有办法，只能退回到婴儿时代，拼命地哭。这种害怕时没有依靠的经历，让他养成了用哭泣来应对困难的习惯。

3. 用哭声召唤妈妈

因为他拼命地哭了以后，会把大人给吸引过来。喜欢哭的孩子遇到麻烦时，大人不会及时出现，所以他们就用哭声来发出信号，一直到家长来到身旁。这个小孩在家里面也是经常哭，他其实是在呼唤妈妈。就像办公室的一位老师吐槽的那样，楼上楼下的一些家庭中，孩子在周一到周五的清晨甚至周末都会大声啼哭。而这些孩子的父母在外面时，常常在看手机，忽略了孩子的需求。这个孩子也是如此，他要用哭泣的方法来引起妈妈的注意。

总的来说，"碰哭精"的成因有两个：一是在婴幼儿时期遇到恐怖刺激时，爸爸妈妈或监护人没有及时出现，所以孩子在婴儿时期就形成了召唤妈妈的模式——哭；二是照顾孩子没有规律，孩子没有被有规律地照料，就会没有安全感。长期以来，家长都没有及时出现在孩子身边，所以这个孩子形成了一种用哭泣召唤监护人的模式。

4. 没有玩的技术

到了小学阶段，这个孩子因为照顾没有规律，在家中形成的行为方式使得他没有人玩。虽然可能有兄弟姐妹跟他玩，但也没有给予他足够的保护。他的种种行为方式与众不同，他很喜欢和别的孩子在一起，内心充满向往，但他没有玩的技术。

在婴幼儿时代，他可能饮食不当，经常吃不饱穿不暖。奶奶忙自己的事情，就把他先饿一饿，饿过头了再给他吃奶。这样的经历让他的欲望很强烈。喜欢哭的孩子，包括喜欢哭的大人，欲望都很强烈。这个孩子小时候没有得到满足，到了学龄时代，内心充满欲望，然而这些欲望却成了奢望。

他想跟别人玩，要人家按照他的要求去玩，同学不跟他这么玩，他就哭。别人不想跟他玩的时候，他就去招惹人家一下。小孩子之间的交往通常是你来我往，互相交换、互相冲突，但这个孩子却以个性化、私人化的方式去和别人交往，一旦别人不答应，他立刻就哭。

5. 无视游戏规则

这个孩子不遵守小学生间的最基本的伦常纲要、游戏法则，他以自己个性化、私人化的方式去和别人交往，人家不答应，他立刻就哭。这就导致他变成了"碰哭精"。他在人际交往中没有掌握正确的方法，只按照自己的想法来，不考虑别人的感受。

6. 使用形容词表达

一次班上进行心理调查，在填表时这个孩子自己写下"自杀倾向"。以我的经验来判断，他并非内向的孩子，而是爱惹是生非的类型。在此要提醒大家，小学生口中所说的"我想死"，这里提到的"死"其实是一个形容词。例如，当他想打《王者荣耀》而妈妈不允许时，他就会叫嚷："我去死！"这句话的意思其实就是他非常想打游戏。家长一旦听小孩说到"死"就会吓坏，但实际上对于小孩子来说，"死亡"在这里只是一个形容词，用来表达他非常想要去做某一件事情的强烈程度。

（二）学校的"小人精"

1. 陪伴隔离控"碰哭"

面对他填写的心理调查表，别班的老师都挺担心，而我们教了他好几年，了解他的一切，所以也没有过度惊慌。这孩子仍然一下课就哭，哭得惊天动地，惹得同学们围观，老师们关注。无奈之下，只好把他带到办公室里来，让他天天背书，还专门有人陪着背书。有人陪伴时，他没办法惹事，这也只是权宜之计，长此以往，不利于孩子交际能力的养成。

在办公室里，他虽然暂时停止了哭泣，但这只是一种表面的平静。我们知道，这样的做法并不能真正解决问题，只是暂时控制了局面。我们需要寻找更长久的解决办法，帮助他融入班级，学会正确的交往方式。

2. 你来我往的冲突

多数孩子在一到四年级之间，道德水平处于朴素的利己主义阶段。你给我花一分钱，我给你吃一颗糖；我给你吃两瓣橘子，你拿一支笔跟我换。小孩子经常会交换，一支笔我要红颜色的，哪个同学觉得蓝颜色的笔好看，我们换，就各自满足了，这就是朴素的利己主义。在朴素利己主义的孩子们那里，经常有你来我往的交换，也有你来我往的冲突，这是正常的现象。

孩子们在这样的交换和冲突中，逐渐学会了与人交往的规则和方法。而这个 爱哭的孩子却没有掌握这些规则，他以自己的方式去和别人交往，导致了冲突和哭泣。我们需要引导他理解这些规则，学会在冲突中找到平衡。

3. 私人化诉求的碰壁

在得到孩子的口头保证"碰了不哭"之后，我们在课间让他回了教室，让他自己去尝试和探索，让他哭，让他尽情地哭，我们假装没看见。哭的时候他私人化的诉求也受到了挫折。把他放在外面，多让他经历挫折，让他明白自己的方式是不可行的。

通过这种方式，让他在现实中体验到自己行为的后果，从而促使他反思自己的行为。这就像一个小小的挫折教育，让他在碰壁中成长，学会调整自己的行为方式。

4. 私人化方式的修正

闲暇时，在他被碰哭了几次之后，我们又把他叫到办公室。用轻松的语气和调侃的方式逗他："谁打你了，跟老师说说呢，老师帮你。"在他全部说出来以后，我们当面把几个同学都叫来调查，几个孩子特别紧张，赶紧说出了全部情况，我告诉他们："说完就可以走了，老师看见了你们的委屈，不会责怪你们。"

"被碰"的几个孩子走了以后，我跟孩子面对面坐着，温和地告诉他，你的处理方式是不对的……午间休息的 30 分钟里，听他说了他所有的想法。我特别说明，我不是在批评他，只是告诉他这么做是不对的。目的就是要修正他私人化的语言和私人化的交际方式。

通过这样的交流和引导，让他认识到自己的错误，逐步修正自己的行为方式。这是一个需要耐心的过程，需要我们不断地关注和引导，帮助他养成良好的交往习惯。

5. 同龄人"江湖"的剪裁

从理论上来说，这种"碰哭"的私人化方式一定会在同龄人的世界中得到调整。"碰哭精"大概在中学时期会好起来，但有一个前提是，他必须一直处在同龄人的圈子里，只要身在其中，他就能得到非常好的训练。在同龄人中，他会不断地遇到挑战和挫折，这些经历会促使他成长和改变。我们要相信孩子们的适应能力和成长潜力，给予他们足够的空间和时间去发展。

三、成长与转变

经过一段时间的努力，这个孩子逐渐发生了变化。他开始学会控制自己的情绪，不再轻易哭泣。在与同学的交往中，他也慢慢掌握了正确的沟通方法，不再以惹事的方式去引起别人的注意。

到了六年级，这个孩子结束了他的"碰哭精"时代，成了学校里的"小人精"。他学会了与人相处，懂得了分享与合作，不再是那个让人头疼的"碰哭精"。

这个转变是令人欣慰的，它让我们看到了教育的力量和孩子们的成长潜力。我们相信，只要给予孩子们足够的关爱和引导，他们一定能够克服困难，茁壮成长。

这个案例让我们深刻认识到，家庭教育对孩子的成长至关重要。父母的关爱和悉心的照料，能够给孩子带来安全感，帮助他们建立良好的行为习惯和交往方式。同时，学校教育也起着重要的作用，老师的引导和同学的影响，能够帮助孩子在成长过程中不断调整自己，适应社会。

对于那些有特殊行为的孩子，我们不能简单地批评指责，而要以理解和关爱的心态去分析他们行为的成因，寻找解决问题的方法。通过耐心的引导和教育，帮助他们认识自己的错误，修正自己的行为，让他们在成长的道路上不断进步。

在教育的过程中，我们要注重培养孩子的人际交往能力和情绪管理能力，让他们学会与他人相处，学会控制自己的情绪。只有这样，孩子们才能在未来健康快乐地成长，成为有责任感、有担当、善于与人交往的人。

离婚家庭孩子的教育困境与应对策略

白凤林

本文聚焦离婚家庭孩子的教育问题，通过对一个具体案例的深入分析，探讨离婚家庭对孩子心理的影响，并提出针对性的教育建议。强调教师应关注离婚家庭孩子的特殊需求，给予他们表演的机会和更多的关爱，同时呼吁家庭和社会共同努力，为孩子创造良好的成长环境。

一、案例背景

一个男生生活在复杂的家庭环境中，妈妈离婚后带着他，与同是离异带着小孩的后爸，组建了新的家庭。后来又有了弟弟。这种复杂的重组家庭结构给孩子的成长带来了诸多挑战。

（一）孩子在学校的表现

1. 情绪不稳定

这个男生经常在上课的时候哭，也喜欢闹腾。有好几次上课时情绪特别激动，正上着课就把桌子推倒，书和本子撒了一地。经过耐心教导和谈心后，情况稍微有所好转。

2. 渴望关注

有一次考试，他进步很大，考了 90 分。本以为他会很开心，结果临下课时，他又推倒了桌子。原因是他觉得别的小孩过年有红包和奖励，自己考 90 分却什么都没有。他觉得爸爸妈妈更喜欢哥哥和弟弟，唯独不喜欢他。所以，他会在家里与妈妈吵架，他还会凶弟弟。

3. 不遵守纪律

这个孩子不做作业，上课还总喜欢接话，在语数老师的课上稍微好点，在其他科目的课上都表现得很糟糕。老师请来家长，并警告他如果上课不能遵守纪律就要停课七天，这之后他才稍微有所收敛。但他在课上很多时候还是趴着睡觉，无所事事，心情好就学一学，心情不好就不学。

二、案例分析

（一）离婚家庭对孩子心理的影响

离婚家庭的孩子，尤其是在幼年时期便历经父母离婚这一重大人生转折的孩子，其心理往往承受着难以察觉却极为深刻的无意识冲击。在再婚家庭中，由于父母离婚后又各自再婚再育的情况较为常见，所以这种家庭关系更为复杂。对于孩子而言，他们在出生时跟着生父和生母，一旦父母离婚，孩子就面临着跟爸爸或跟妈妈的艰难抉择。但无论跟着哪一方生活，都会觉得背叛了另一方。这对于年幼的孩子来说，仿佛背负了一种沉重的枷锁，这种心理负担犹如一块巨石，压在孩子稚嫩的心灵之上，给他们带来极其沉重的压力。

而一旦父母双方再婚后再育，孩子的心理负担会进一步加重。孩子会觉得自己在家庭中的位置变得更加不确定，仿佛自己是一个多余的人。这种不安全感和被忽视感，让孩子在心理上承受着巨大的压力。

对于孩子来说，特别小的时候就背上这样的心理包袱，会导致他们出现各种古怪的行为。例如，孩子可能会出现情绪的极度不稳定。正如案例中的那个男生，他常常在上课的时候毫无征兆地哭泣。此外，这些孩子还会表现出对关注的极度渴望。

（二）孩子渴望关注的原因

1. 离婚使孩子被忽略

孩子在课堂上种种古怪的行为，实则是孩子想要引起别人关注的方式。

案例中的孩子考了 90 分，家长却未给予表扬，而看到别的孩子考 80 分都能有奖励，他会觉得不公平。他认为爸爸妈妈更喜欢哥哥和弟弟，自己却被忽视了。这个孩子很想要得到关注，但偏偏得不到，因此他对学校、同学和家长都会有一些要求。

家庭本应是孩子温暖的港湾，但对于离婚家庭的孩子来说，这个港湾却常常充满了不稳定和忽视。他们在家庭中无法获得足够的关爱和认可，便会将希望寄托在学校这个新的环境中，试图从老师和同学那里得到自己渴望的关注。这种对关注的渴望，是孩子在家庭中缺失关爱的一种补偿心理。

2.早期母婴关系不良，使得孩子有强烈的表演欲望

孩子渴望关注的另一个原因源于早期的母婴关系。如果妈妈在哺乳期出现喂奶疼痛、尾骨开裂等问题，婴儿吃奶时能够感受到母亲身体的紧张，会觉得妈妈不愿意喂养他。

很多妈妈在喂养第一个孩子时因没有经验而紧张，婴儿会觉得妈妈不给他吃，弗洛伊德把这个时期叫作口唇期。口唇期的孩子感受到妈妈不愿意给他吃，就产生口唇期滞留，会一直想要得到满足。随着年龄的增长，这种不满足会在不同的阶段表现为不同的需求。

这个孩子希望引起别人关注，希望别人看一眼自己，在他人面前有强烈的表演欲望。这种渴望会伴随着孩子的成长，在不同的情境中以不同的方式呈现出来。比如在学校里，孩子可能会通过推倒桌子、插嘴、睡觉等行为来吸引老师和同学的注意，希望周边的人能够关注到自己，满足自己内心对关注的渴望。

3.孩子行为的分析

这个孩子的种种行为并非无端捣乱，而是他内心需求的一种外在表现。他们在家庭中得不到应有的关注和关爱，便试图在学校这个环境中寻找弥补。然而，如果这种行为得不到正确的引导，孩子可能会陷入一种恶性循环，不断地通过不良行为来吸引关注，却又因为这些行为而遭到批评和忽视，进一步加深他们内心的痛苦和不安。因此，对于这样的孩子，需要给予他们更多的理解和关爱，引导他们以正确的方式表达自己的需求，从而帮助他们走出这种不良行为模式的困境。

三、教育建议

（一）教师的应对策略

1.给予表演机会

了解孩子的特点和需求，为孩子提供表演的机会，是帮助离婚家庭孩子走出困境的重要途径。小孩子都有强烈的表演欲望，尤其是小学阶段的孩子，他们都渴望有一个属于自己的舞台。老师应该想尽办法，让每一个孩子都有表演的机会。哪怕是让孩子们在黑板前面蹦蹦跳跳地走几圈，也是一种表演的机会。

对于案例中的孩子，若他有一技之长，比如会下围棋，可以成立一个围棋班让他做教练；若他喜欢扫地，可以任命他为清洁队大队长。发现他的优点和特长，让他去展示，他就会觉得自己被关注。如果他没有明显的特长，可以通过各种方式鼓励他参与活动，比如班级运动会的接力赛、领操等，让他在活动中得到关注和满足。总之，给予孩子表演的机会，能让他们在舞台上绽放光彩，有助于他们建立自信，走出不良行为模式的困境。

2. 关注孩子心理需求

老师要高度关注离婚家庭孩子的特殊心理需求，充分理解他们内心的矛盾与痛苦。面对孩子的不良行为，老师不能简单批评和惩罚，而应深入探究背后原因，采取针对性教育措施。若老师只是一味指责，可能使孩子陷入恶性循环，不断以不良行为吸引关注却又因之遭到批评忽视，从而进一步加深内心的痛苦与不安。

3. 加强家校合作

老师要与家长保持密切沟通，共同关注孩子成长。对于离婚家庭的孩子，家长的教育方式至关重要。教师可向家长介绍孩子在学校的表现并提供教育建议，以帮助家长更好地了解孩子需求。例如，对于案例中的孩子，教师可提醒家长关注其内心深处想要证明自己未背叛父亲的潜意识，尝试恢复孩子与生父的关系，以减轻孩子心理负担。

同时，家长应积极配合学校教育工作，给予孩子足够关爱与关注，营造稳定和谐的家庭环境。教师与家长可共同探讨如何发现孩子独特技能，为其提供表现机会，让孩子获得满足。为孩子创造良好成长条件，助力孩子走出心理困境。

（二）家庭的责任

1. 关注孩子的情感需求

离婚家庭的家长要更加关注孩子的情感需求，不要因为家庭的变化而忽视孩子的感受。家长要尽可能地给予孩子平等的关爱，让孩子感受到自己在家庭中的重要性。对于孩子的成绩和进步，要及时给予表扬和奖励，增强孩子的自信心。

2. 维护良好的亲子关系

家长要努力维护良好的亲子关系，与孩子保持良好的沟通。在孩子遇到问题时，要给予支持和引导，帮助孩子解决问题。同时，家长也要注意自己的言行举止，不要在孩子面前争吵或表现出不良情绪，以免给孩子带来负面影响。

3. 与学校密切配合

家长要积极与学校配合，共同关注孩子的成长。家长可以参加学校组织的家长会、家长学校等活动，了解孩子在学校的表现和教育需求。同时，家长也要及时向学校反馈孩子在家的情况，与教师共同制定教育方案，为孩子的成长提供更好的支持。

（三）社会的支持

1. 关注离婚家庭孩子的成长

社会各界要关注离婚家庭孩子的成长，为他们提供必要的支持和帮助。社会组织可以开展一些针对离婚家庭孩子的关爱活动，如心理咨询、学习辅导、兴趣培养等，帮助孩子解决心理问题，提高学习能力和综合素质。

2. 营造良好的社会氛围

社会要营造良好的社会氛围，弘扬家庭美德，倡导和谐的家庭关系。媒体可以通过宣传一些成功的家庭教育案例，引导家长树立正确的教育观念，重视孩子的成长。同时，社会也要加强对离婚家庭的支持和帮助，为他们提供必要的法律、经济和心理支持。

3. 加强学校心理健康教育

学校要加强心理健康教育，配备专业的心理教师，为学生提供心理咨询和辅导服务。对于离婚家庭的孩子，心理教师要给予更多的关注和支持，帮助他们解决心理问题，树立正确的人生观和价值观。同时，学校也可以开展一些心理健康教育活动，如心理讲座、主题班会等，提高学生的心理健康水平。

离婚家庭孩子的教育问题是一个复杂的社会问题，需要家庭、学校和社会共同努力。教师要关注离婚家庭孩子的特殊需求，给予他们表演的机会和更多的关爱；家长要关注孩子的情感需求，维护良好的亲子关系，与学校密切配合；社会要关注离婚家庭孩子的成长，营造良好的社会氛围，为他们提供必要的支持和帮助。只有各方共同努力，才能为离婚家庭孩子创造良好的成长环境，帮助他们健康成长。

阅读在小学数学教学中的重要性

陈爱河

摘要： 数学阅读在小学数学教学中具有重要作用，充分认识阅读在小学数学教学中的重要性，可以有效提高小学数学的教学效率。文章立足于小学数学课堂教学现状，主要分析了阅读在小学数学教学中的重要性。

关键词： 小学数学；课堂教学；教学现状；重要性；教学策略

在当前的小学数学课堂教学中，很多数学教师忽略了阅读在小学数学教学中的重要性，没有给予足够的重视，忽略了阅读在小学数学中的应用。

一、数学阅读培养学生严谨思维

小学数学本就是一门严谨的学科，因此，在数学概念、公式的表述过程中更是要求严格，表述过程不能存在瑕疵。而小学生正处于身体发育、思维培养的重要阶段，通过训练小学生在数学学习中的阅读技巧，培养小学生良好的阅读习惯，帮助小学生养成严谨的数学思维、科学态度与人生态度。例如，在小学课堂教学中，教师可以让小学生大声朗读，教材文本上的表述为"教室里原来有学生 10 人，现在有多少人？"，可能部分学生会因为自己的表达习惯而读为"教室里原来有 10 个学生"，教师对此加以指出纠正，可以培养小学生严谨的思维习惯与学习态度。

二、数学阅读是数学学习的需要

小学数学知识的学习离不开阅读。每个学科都有其自身独特的语言。通过数学阅读，可以熟练掌握与理解数学语言的真正内涵，如"直角""线段""分数"等词语，只有学习过数学知识的人才能真正明白这个词语的内涵。例如，在应用题或者计算题中，都离不开对数学语言的阅读与理解。"每人吃 1/5 饼，4 人吃多少饼？"学生只有明白分数的概念，理解 1/5 是什么意思，才能正确解答。

三、数学阅读是数学课本的要求

很多教师在教学中并没有充分发挥教材的阅读文本作用。事实上，小学数学课本的编排具有科学的体系，符合小学生的年龄特征与理解能力，因此，在教学中应当加强小学生对课本的阅读。例如，"分数乘整数，用分数的分子与整数相乘的积做分子，分母不变"。通过学生对文本的阅读，还可以有效培养小学生的自主学习能力。

四、结语

数学阅读，可以有效提高小学生对于数学课的学习兴趣，培养小学生严谨的数学思维，科学的阅读方法，以及良好的自主学习能力。重视阅读在小学数学中的重要性，有助于提高课堂教学效果。

参考文献：

[1]冯峰燕.小学数学阅读现状与对策研究[J].中国校外教育 2011（5）：

45–47.

［2］王建文.阅读能力,数学老师也追求——小学数学教学中培养学生阅读能力的策略研究［J］.现代交际,2011（4）: 156–157.

（发表于 2017 年 1 月 20 日《教研周刊》杂志）

只为桃花绽笑颜

——桃花源小学"双减"工作侧记

陈爱河

讲台上,老师凝聚精华,打造有效课堂;讲台下,学生聚精会神,听得津津有味;操场上,武术、篮球、跳绳等各项活动风生水起,每一处都展示着满满的活力;回家后,繁重的作业减少了,孩子们欢乐的笑容如同三月绽放的桃花……自"双减"政策出台以来,县桃花源小学立足"减负增效"这一目标,秉承"桃花朵朵开"办学理念,坚持立德树人,从提升师能、构建高效课堂、丰富活动等多方面入手,让每一位师生都享受到成功和进步的快乐,让每一朵"桃花"都能美丽绽放。

高效课堂启桃智

"换句表达方式会不会更好?""对,我怎么没想到"……在教学研讨中,大家围绕同一个主题,研究不同的教法;针对课本中的难点,设计有效的层次坡度。这是日前在县桃花源小学语文教研组中看到的一幕。该校多名教师有明确主题、针对教学实际、定期开展的组内集体教研,让老师们有更多机会在一起切磋交流,相互促进。

"学生做减法,老师就要做加法",该校副校长谢大山说。为了进一步助推"双减"落地,该校统筹组织,各学科教师在教研组长的带领下，认真研读课标、教材，以大单元教学理念为统领，设计出单元教学计划、课时教学设计、授课课件等。

每周一次的各学科主题教研，大家面对面交流、讨论，对备课成果、作业设计进一步优化。扎实落地的教研活动，让教师始终不离开课堂做研究，始终不离开团队谈发展，致力于上好每一节常态课，扎扎实实提升课堂教学质量。

与此同时，该校科学设计各科作业，让学生从"灌输式学习"到"研究式学习"，从"要我学"到"我要学"，充分激发学生的学习兴趣。学校开展了"双减"背景下的创新作业设计主题教研活动，教师们依据学科特点，布置趣味性、个性化、分层次的作业，实现"减负不减质"的目标。

搭建平台展桃颜

篮球、足球、绘画、书法、武术……每天课后延时服务第一节艺术特长辅导课，校园内到处都是学生参加社团活动的身影。在老师的辅导下，他们写完作业后放学回家。

该校校长陈爱河介绍，自"双减"政策实施以来，该校把延时服务的社团活动作为学生减负的一个重点，根据学生发展以及学校特色发展的需求，优化师资配备，科学设置课程辅助活动课的社团活动，开展了足球、篮球、绘画、武术、舞蹈、书法等26项社团活动，学生在社团活动中培养了兴趣，训练了技能，特长得到了发展。

"以前我字写得丑，参加硬笔书法培训班后字写得漂亮多了，我也更加自信了"，五年级5班的学生敖语嫣说，"课后兴趣班的开展让她变得更加优秀了。""现在的作业每天在学校就能完成，回去还能看看课外书"，同班的何其芳也附和着说。自从学校开展课后服务后，他们明显感觉到作业变少了，回家后多了很多空闲时间学习别的知识。

"不但省下了在外培训的费用还让人更放心了"，学生家长张文说，"以前由于没时间管，都是给孩子报作业托管班。"而现在开展的课后服务既可以解决孩子放学早、家长下班晚带来的时间差，又可以丰富学生的校园生活，促进学生综合素质的提高。

助力"双减"迎桃果

今年国庆节前夕，县教委公布了 2022 年"双减"示范学校评选结果，县桃花源小学名列其中。

近年来，在上级部门的领导下，该校精准施策，认真落实"五项管理"和"双减"工作，促进学用相长，不断开拓创新，取得了较好成绩：2021 年 7 月在县 2021 年小学生校园足球联赛中获 4 冠 1 亚；2021 年 12 月在重庆市 2021 年中小学校园足球联赛总决赛中获小学女子甲组第三名；学生田思艺、白桂鑫被评为该赛事"最佳运动员"；2020 年 7 月获重庆市优秀少先队集体称号，2020 年 8 月获"新时代　好少年"主题教育读书活动"美好生活 劳动创造"先进集体称号；2021 年 10 月获重庆市市级绿色学校建设示范学校……这一块块牌匾都凝聚着该校精准落实"双减"政策所取得的成果。

"'双减'减去的是学生过重的课业负担，增加的是学生幸福的校园生活"。陈爱河表示，接下来，该校将不断强化科学管理，坚持"增效减负，提质共赢"的工作思路，向教研要质量，向课堂要效益，关注学生成长的过程，让教师安心地"教"，学生快乐地"学"，拓宽学生成才之路，促进孩子全面发展。

（发表于 2022 年 10 月 12 日《酉阳报》）

后记

作为一名教育工作者，我深知教育事业的伟大与不易。《爱的教育——构建和谐校园与家庭之路探析》一书，是对当下教育现状的深度剖析与思考，致力于为学校教育、家庭教育以及学生的成长提供切实可行的指引。

在当下教育的大环境中，学生们面临诸多严峻挑战，心理危机、网络成瘾、学习动力不足等问题犹如重重荆棘，阻碍着他们的前行。教师队伍中存在的佛系躺平现象，无疑为教育的发展增添了阻碍。学校行政管理亦在复杂的权衡与协调中艰难前行。本书力求揭示这些问题的根源，并探寻有效的解决之法。

从学校教育的多个维度出发，本书进行了深入的研讨。以"桃文化"为核心，阐述了通过"培桃根、启桃智、润桃心、铸桃魂"的理念培育全面发展人才的路径。在学校管理方面，详细阐释了如何提升行政管理能力，在权力、民心和民意之间达到平衡，诚心听取各方建议，协调好教师与学生的关系，借助言传身教和制度管理来激发教师的积极性。同时，书中还分享了众多学校在党建引领下的成功发展模式，比如构建"三四五"评价策略，全方位抓好德育、教学、管理、安全和环境，致力于建设文明、人文、和谐、平安、绿色校园，从而推动教育教学实现高质量发展。

在课程建设领域，本书介绍了学校开展的"1+3+12"德育序列行动、"1+30+N"课程构建行动，跨学科教育与实践，"1+5+20"师资培养行动等创新举措，为培养德智体美劳全面发展的人才提供了有力支撑。此外，强调深挖地域特色元素，塑造"桃花源"清廉品牌，将廉洁基因融入学校建设和育人过程的重要性及具体实践办法。

在师资队伍建设方面，明确指出教师应当践行社会主义核心价值观，强化师德修养，爱岗敬业，关爱学生，将爱国、敬业、诚信、友善的价值追求融入日常教育教学。同时，对教师队伍中存在的躺平现象展开深入剖析，呼吁教师关注学生的成长轨迹和内心世界，切不可因工作压力而忽视那些处于崩溃边缘的孩子。学生的成长始终是教育的核心。德育被置于首位，因为人的本性或许存有某些原始与未开化的成分，而教育的使命便是运用规则与规范加以引导，塑造其灵魂与精神，而非单纯的行为规范限制。学校作为育人的摇篮，有着明确的规则与规范，这些理应融入丰富多样的课程，让学生在潜移默化中接受文明的熏陶。

如今，学生的心理危机不容忽视。在成长的道路上，他们可能因种种压力而感到迷茫。孩子们拥有自己的"小世界"，但在当下，他们缺少在特定环境中形成的纯粹友谊。在学校，他们接受着各类专业训练，如多样的运动课程。然而，在这一系列管理体系中，我们必须关注他们内心的渴望。

游戏在学生的成长过程中具有独特价值。儿童与动物不同，他们会通过游戏进行自我教育。在互联网时代，游戏形式多样，但许多人并未真正领会游戏的真谛。儿童时期的游戏，如过家家、角色扮演等，是对未来生活中可能遭遇的恐惧和问题的预演。通过游戏，孩子们能够学会规则，熟悉流程，为未来的社会生活做好准备。可惜的是，由于家长和老师对游戏的认识不足，致使孩子在游戏中的成长受到限制。所以，我们应当重视游戏，让孩子在科学合理的游戏中发展人际关系和健全人格。

在家庭教育方面，本书着重强调营造和谐家庭环境对孩子健康成长的关键作用，为家长提供了正确引导孩子、审视自身教育方式的方法。

此外，本书还关注到特殊家庭孩子的成长，探讨了在此情形下，学校、教师和城区社区网格化管理者所能发挥的作用以及应采取的措施。为更好地指导教育实践，班主任从一年级起就应为学生建立心理健康档案，档案内容应涵盖学生的家庭背景、成长经历、性格特点、兴趣爱好、学习情况、社交能力等方面，以便及时发现问题并加以干预。

为了将众多案例有机整合，避免各自为政，本书以学生的成长历程为主线，按照不同年龄段和教育阶段进行分类与组织。从小学低年级的适应与习惯培养，到中高年级的学习与心理发展，再到青春期的挑战与引导，逐步深入地呈现问题和解决方案。同时，通过对不同类型家庭和学校环境的分析，展现出教育问题的多样性和复杂性，使读者能够更全面地理解和应对。

在书的架构设计上，分别从桃香校园创新篇、桃韵教师成长路、桃萌低龄育童篇、桃智学科融合章、桃规校园文明风、桃苗成长护佑策、桃源家校共育篇等章节展开论述，每个章节均以理论阐述为基础，结合丰富的案例展开分析，并提供实用的建议和策略。

在学生的成长过程中，人格塑造举足轻重。小学低年级，特别是一年级的孩子，正处于人格发展的关键时期。像《一年级儿童人格之变——从本我到超我的成长旅程》等案例，清晰地揭示了这一阶段孩子的内心世界。从对压岁钱与零花钱的认知，到男孩做作业的磨叽表现，都反映出他们在积极探索自我和周围世界。

低龄儿童的成长需要给予特别的关注。一年级孩子不上学、课堂纪律不佳等问题，皆体现出他们在适应学校生活时所面临的挑战。了解他们生理和心理的特征以及所承受的压力，有助于探寻更为科学的班级管理方法，而非仅仅依赖惩罚。

激发学习动力是教育的重要任务。《课堂学习的三种内驱力》等案例为我们提供了思考的方向。必须克服抑制学习动力的外部负强化因素，激发内在动力。对于孩子的教育，绝不只是知识的传递，更是精神与灵魂的塑造。通过规则与规范的引导，让他们在不知不觉中接受文明的滋养，摒弃原始与未开化的成分。学校提供的各种专业训练虽然丰富，但绝不能忽略孩子内心的渴望和需求。

总之，构建和谐家庭环境是根本。家庭教育对孩子的心理成长意义非凡，学校教育也需要不断改进，以减轻孩子的心理焦虑。在这一过程中，关注低龄儿童，激发学习动力，塑造健康人格，铸就孩子美好的精神与灵魂，是教育的使命与责任。唯有学校、家庭和社会齐心协力，才能为孩子创造璀璨的未来，让每一朵"桃花"都能在温暖的阳光下绚烂绽放！希望这本书能够为广大教育工作者和家长带来有益的启示和帮助，共同为孩子们铸就一个美好的未来。